JINRONG JINENG

金融技能

主　编◎尤婷婷
副主编◎杨荣华　崔立群

中国金融出版社

责任编辑：王　君　刘　慧
责任校对：李俊英
责任印制：陈晓川

图书在版编目（CIP）数据

金融技能/尤婷婷主编．—北京：中国金融出版社，2018.11
高职高专金融类创新型“十三五”规划系列教材
ISBN 978－7－5049－9804－0

Ⅰ.①金…　Ⅱ.①尤…　Ⅲ.①金融学—高等职业教育—教材　Ⅳ.①F830

中国版本图书馆CIP数据核字（2018）第237075号

出版
发行　中国金融出版社
社址　北京市丰台区益泽路2号
市场开发部　(010)63266347，63805472，63439533（传真）
网 上 书 店　http://www.chinafph.com
　　　　　　(010)63286832，63365686（传真）
读者服务部　(010)66070833，62568380
邮编　100071
经销　新华书店
印刷　保利达印务有限公司
尺寸　185毫米×260毫米
印张　10.75
字数　250千
版次　2018年11月第1版
印次　2018年11月第1次印刷
定价　27.00元
ISBN 978－7－5049－9804－0
如出现印装错误本社负责调换　联系电话（010）63263947

编写说明

我国的高等职业教育发展已经进入了一个新的阶段，职业教育的教学模式也在悄然发生着变化，由于职业教育自身培养目标的特殊性，因此在教学过程中特别注重学生职业技能的训练，注重职业岗位能力、自主学习能力和社会实践能力等多方面的培养。传统学科体系的教学模式正在逐步转变为项目化的教学模式，目前许多院校进行了项目化的课程教学改革，传统的教材已经无法满足项目化的教学要求，本教材是在《金融技能》课程项目化改革实践的基础上，广泛吸收行业专家和项目化课程改革专家的意见后编写的。本教材主要适用于高职高专金融类及其他相关专业的课堂教学，以及社会从业人员的岗位技能培训。

本教材的特色是课程内容以职业活动为导向，课程内容的主要载体是项目和任务，内容设计突出能力目标，通过项目和任务的精心设计体现教、学、做一体化。

一是课程项目目标设计突出岗位实用性。为适应项目化教学，教学目标和课程要求以岗位实用性为主，通过广泛的社会调研，根据学生就业具体岗位的实际情况，多方征求行业专家和项目化课程改革专家的意见制定了教学目标。

二是课程项目内容设计以能力培养为中心。项目和任务的设计体现学生的课堂主体地位，充分调动学生的参与积极性，由师生共同参与完成课堂教学任务。项目内容不是简单的灌输知识，而是通过任务设计引导培养学生获取知识并提高运用知识解决实际问题的能力。更加注重学生学习过程中的能力培养，注重实践操作和动手能力培养，根据教学目标将教学内容分为若干个任务，在每个任务的实施过程中，将相关的理论知识融合进来，以实践为主，安排学生多操作、多练习，强调培养动手能力、分析问题和解决问题的能力以及根据需要进行自主学习的能力。

本教材由尤婷婷担任主编，杨荣华、崔立群担任副主编。全书共分为三个项目，分别为：处理客户柜面现金收、付；会计凭证的汇总核算；结算客户账户利息。其中项目一包含三个子项目、项目二包含两个子项目，体现职业活动导向，并突出岗位实用性。教材分工如下：项目一由尤婷婷编写，项目二由杨荣华编写，项目三由崔立群编写，同时赵丽梅、蔡路、辛健参与了本书部分内容的编写和资料的整理工作，主编尤婷婷负责项目课程目标制定和项目总体设计。

本教材在编写过程中征求了一些行业专家的宝贵意见、参考了部分同行学者的相关研究成果，在此深表感谢！由于金融业务发展迅速，课程项目化教学改革尚处于实践探索阶段，书中难免存在疏漏和不足之处，敬请广大专家、读者指正。

编者

2018 年 9 月

目　　录

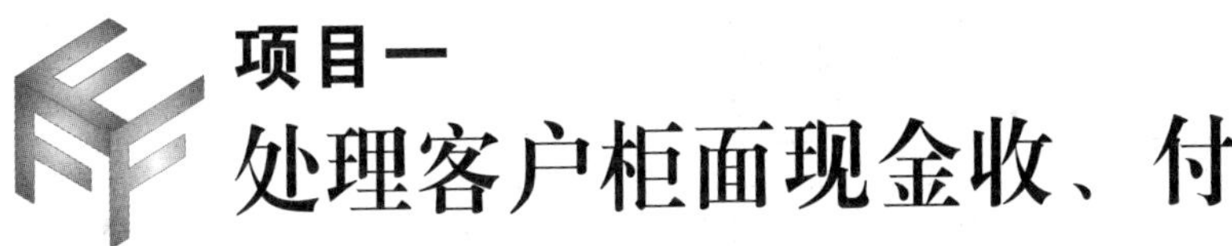

项目一 处理客户柜面现金收、付

能力目标：

1. 能够快速准确地运用单指单张、多指多张、扇面点钞方法进行票币清点。
2. 能够熟练运用看、听、摸、测四种手段识别假币。
3. 能够根据《中国人民银行残缺污损人民币兑换办法》办理票币兑换业务。

知识目标：

1. 了解《现金管理暂行条例》中关于银行现金业务的操作规程。
2. 掌握现金清点流程中拆把、持钞、点数、扎把、盖章的基本方法。
3. 熟悉《中国人民银行法》第十九条至第二十一条和《人民币管理条例》中第二十六条至第三十六条中的人民币管理规定。
4. 掌握第五套人民币票面设计与防伪特征。

素质目标：

1. 法制意识。因为银行柜员每日会接触大量现金，要知法懂法，能够拒绝利益诱惑，依法遵章办事。

2. 能够换位思考。银行业属于服务行业，银行柜员在办理票币兑换、零钱点收业务时，既要保证工作效率，又要站在客户角度为客户着想，尽量满足客户需求。

3. 锻炼沟通能力和应变能力。办理假币收缴、残缺污损人民币兑换业务的过程中，如果客户发生情绪过激情况，要沉着冷静，运用专业知识、语言技巧耐心与客户沟通，安抚客户，解决矛盾。

项目导入：

银行柜员日常工作中的一项重要内容就是每天要处理很多现金收、付业务，需要柜员能够对现金进行准确快速的清点；能够对不同面额组合的现金进行金额的计算；同时还要能够灵活应对残缺污损人民币的兑换和假币的识别与收缴等特殊情况。本项目主要针对上述柜员现金处理方面的各项技能进行专项学习和训练，使学生能够达到银行柜面一线工作岗位的技能水平要求。

关键词：票币清点　票币兑换与计算　假币识别

知识结构图

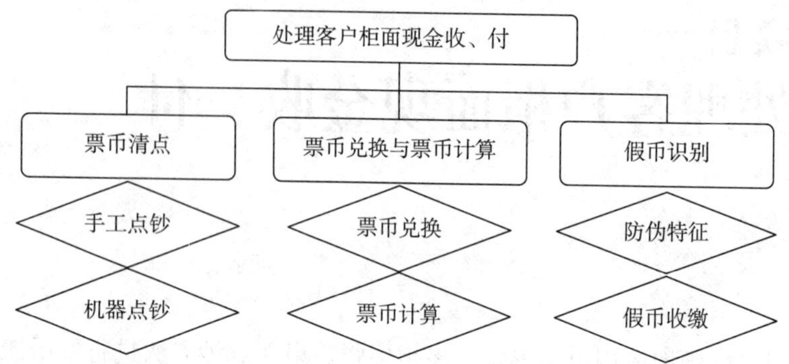

子项目一　票币清点

能力目标：

1. 能够灵活地运用多种点钞方法进行手工票币清点。
2. 能够熟练使用点钞机。
3. 能够熟练掌握捆钞方法。

知识目标：

1. 掌握单指单张点钞法的基本规范与方法。
2. 掌握多指多张点钞法的基本规范与方法。
3. 掌握扇面点钞法的基本规范与方法。
4. 熟悉点钞机的使用和捆钞方法。

素质目标：

1. 具有法制意识，银行柜员每日会接触大量现金，要知法懂法，能够拒绝利益诱惑，依法遵章办事。

2. 培养耐心细致的工作态度，票币清点时做到又快又准。

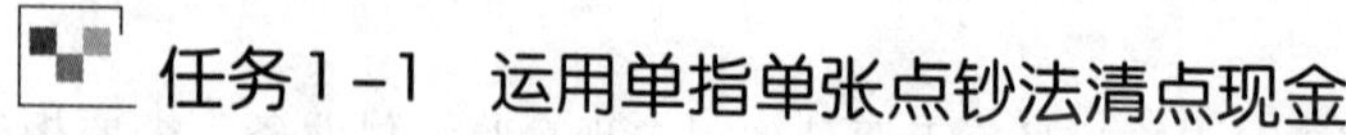

任务1-1　运用单指单张点钞法清点现金

【案例引入】

客户李莉持现金来到银行要求将5000元现金存入她本人的活期储蓄账户中，请以银行柜员身份完成客户现金的手工清点。

【学习任务】

点钞是指按照一定的方法查清票币的数额，即整理、清点钞票的工作，在银行泛指清点各种票币，又称票币整点。

现在，不仅金融系统，其他部门的现金流量也都很大。对于前台柜员以及出纳人员来说，清点钞票是一项经常的、大量的、技术性很强的工作。点钞速度的快慢、技术水平的高低，直接影响到工作的效率和质量。因此，点钞技术是前台柜员和出纳员的必备技能之一，点钞技术的质量和效率是考核前台柜员和出纳员业务素质的重要指标。不断改进、提高现金整点的操作技术，对于提高工作效率，加速现金周转使用，调剂货币流通，促进国民经济发展都具有重要意义。

手工点钞技术，即不依靠任何机具，完全用手指拨（捻）动来清点钞票的技术。手工点钞技术是银行一线柜员必须掌握的基本技能。手工点钞方法很多，以持币方式划分，可以分为两种，即手持式点钞和手按式点钞。

手持式点钞，即两只手不需要固定位置，身体姿势可以随意调整、操作灵活，这种方式可以减轻劳动强度；手持式点钞方法应用比较普遍，它适用于各种票面，无论钞票纸幅大小、新旧都能顺利清点；手持式点钞，手指弹动轻松自如，可随时加速、随时停止，看到钞票的面积大，易于在清点中挑残和鉴别真伪，因此在本项目中我们主要学习手持式点钞法。

（一）点钞的基本程序

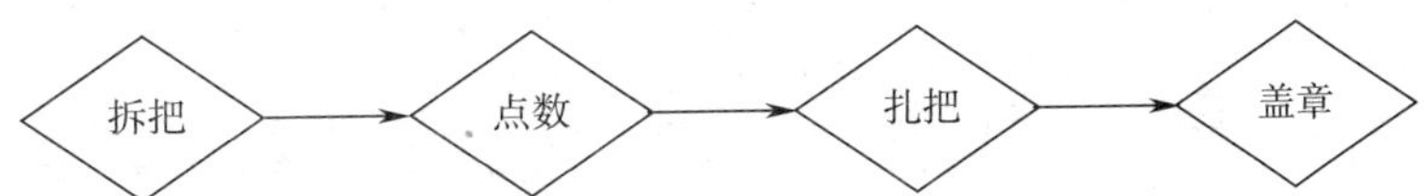

1. 拆把：把待点的成把钞票的封条拆掉。
2. 点数：手点钞，脑记数，点准一百张。
3. 扎把：把点准的一百张钞票墩齐，用腰条扎紧。
4. 盖章：在扎好的钞票的腰条上加盖经办人名章，以明确责任。

（二）点钞的基本要求

在人民币的收付和整点中，要把混乱不齐、折损不一的钞票进行整理，使之整齐美观。整理的具体要求是：

1. 平铺整齐，边角无折。同券一起，不能混淆。
2. 券面同向，不能颠倒。验查真伪，去伪存真。
3. 剔除残币，完残分放。百张一把，十把一捆。
4. 扎把捆捆，经办盖章。清点结账，复核入库。

为达到上述具体要求，应做到以下几点：

1. 操作定型，用品定位。点钞时使用的印泥、图章、腰条等要按使用顺序放在固定位置，以便点钞时使用顺手。

2. 点数准确。点钞技术的关键是一个“准”字，清点和记数的准确是点钞的基本要求。点数准确一要精神集中，二要操作定型，三要手点、脑记，手、眼、脑紧密配合。

3. 钞票墩齐。钞票点好必须墩齐后（四条边水平，不露头，卷角拉平）才能扎把。

4. 扎把捆紧。扎小把，以提起把中第一张钞票不被抽出为准。

按“#”字形捆扎的大捆，以用力推不变形，抽不出票把为准。

5. 盖章清晰。腰条上的名章，是分清责任的标志，每个人整点后都要盖章，图章要清晰可辨。

6. 动作连贯。动作连贯是保证点钞质量和提高效率的必要条件，点钞过程中的各个环节（拆把、清点、墩齐、扎把、盖章）必须密切配合，环环相扣。清点中双手动作要协调，速度要均匀，要注意减少不必要的小动作。

【实训案例】

银行实习柜员小王参加点钞考核，要求小王按照手工点钞的基本程序在10分钟内进行练功券的清点。具体流程如下：

1. 拆把：把待点的成把练功券的封条拆掉，如图1-1所示。

图1-1

2. 点数：手点钞，脑记数，点准一百张，如图1-2所示。

图1-2

3. 扎把：把点准的一百张练功券墩齐，用腰条扎紧，如图1-3所示。

4. 盖章：在扎好的练功券的腰条上加盖小王名章，以明确责任，如图1-4所示。

图 1－3

图 1－4

5. 重复上述环节，在点数准确的基础上尽可能多地完成清点把数，如图 1－5 所示。

图 1－5

（三）单指单张点钞法

手持式单指单张点钞是最基本的点钞方法，也是应用范围最广、实用性最强的一种点钞技术。由于操作时可以看到钞票的大部分，因而易于识别假钞，便于挑剔损伤券。采用这种点钞方法点钞速度也比较快，每小时可达 20000 张。

单指单张点钞法的具体操作方法如下。

1. 拆把持钞。拆把持钞的方法有三种。

第一种方法：钞券横执，正面朝着身体，用左手的中指和无名指夹住票面的左上角，拇指按住钞券上边沿处，食指伸直，中指稍用力，把钞券放在桌面上，并使左端翘起成瓦形，然后用左手食指向前伸勾断捆钞条并抬起食指使捆钞条自然落在桌面上，左手大拇指翻起钞票同时用力向外推使钞券成微形扇面，右手拇指、食指、中指蘸水做好点钞准备。这种方法的特点是左右手可同时操作，拆把速度快，但捆钞条勾断后不能再使用。这种拆把方法通常用于复点现金。

第二种方法：持把时左手拇指在钞券正面的左端，约在票面的四分之一处，食指和中指在钞券背面与拇指一起捏住钞券，无名指和小指自然弯曲；捏起钞券后，无名指和小指伸向票前压住钞券的左下方，中指弯曲稍用力，与无名指和小指夹住钞券；食指伸直，拇指向上移动按住钞券的侧面将钞券压成瓦形，并使左手手心向下，然后用右手脱去钞券上的捆钞条。同时左手将钞券往桌面上轻轻擦，拇指借用桌面的摩擦力将钞券向上翻成微形票面。右手的拇指、食指、中指蘸水作点钞准备。从上面的操作可以看出，这种拆把方法不撕断纸条便于保留原纸条查看图章。这种拆把方法通常用于初点现金 。

第三种方法：钞券横执，钞券的反面朝着身体。用左手中指和无名指夹住钞券的左端中间，食指和中指在前面，中指弯曲，食指伸直；无名指和小指放在钞券后面并自然弯曲。左手拇指在钞票下边沿后侧约占票面的三分之一处用力将钞券向上翻起成瓦形，使钞券正面朝向身体，并用拇指捏拄钞票里侧边缘向外推，食指协助拇指，使钞票打开成微扇形状。拆把的方法与上面介绍的两种方法相同。

2. 清点。拆把后，左手持钞稍斜，正面对胸前。右手捻钞。捻钞从右上角开始。用右手拇指尖向下捻动钞票的右上角，每次捻出一张，接着用无名指将捻开的钞票弹拨下来，一捻一弹，连续动作，直至点完全部。注意：拇指不要抬得太高，捻动钞票的动作幅度不宜太大，只用指头的第一关节做轻微动作；而无名指的弹拨动作要适当配合，将捻下来的钞票往怀里方向弹，每捻下一张弹一次，要注意轻点快弹，所谓“三分捻，七分弹”指的就是这一要领；右手食指在钞票背面托住少量钞票配合拇指工作，随着钞票的捻出要向前移动，以及时托住另一部分票子；中指翘起不要触及票面，以免妨碍无名指动作，在清点中拇指上的水用完可向中指蘸一下便可点完 100 张。同时，左手拇指也要配合动作，当右手将钞券下捻时，左手拇指要随即向后移动，并用指尖向外推动钞券，以利捻钞时下钞均匀。在这一环节中，要注意右手拇指捻钞时，主要负责将钞券捻开，下钞主要靠无名指弹拨，如图 1 -6 和图1 -7所示。

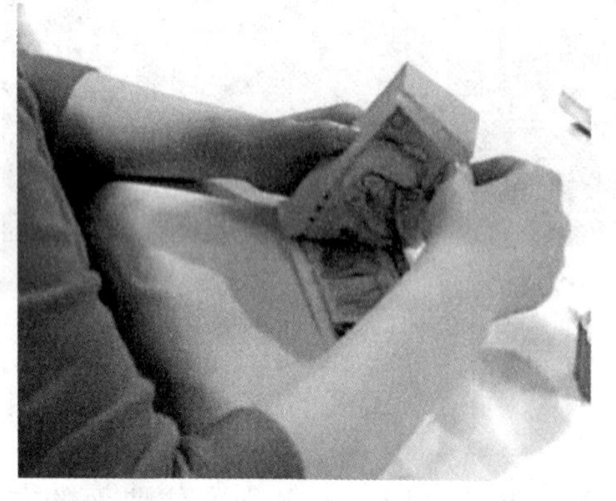

图 1 -6

图 1 -7

3. 挑残损券。在清点过程中，如果发现残损券应按剔旧标准将其挑出。为了不影响点钞速度，点钞时不要急于抽出残损券，只要用右手中指、无名指夹住残损券将其折向外边，待点完 100 张后再将残损券补上完整券。

4. 记数。由于单指单张每次只捻一张钞券，记数也必须一张一张记，直至记到 100 张。从“1”到“100”的数中，绝大多数是两位数，记数速度往往跟不上捻钞速度，所以必须巧记。通常可采用分组计数法。分组记数法有两种方法：一种方法是 1、2、3、4、5、6、7、8、9、1；1、2、3、4、5、6、7、8、9、2；……1、2、3、4、5、6、7、8、9、10，这样正好 100 张。这种方法是将 100 个数编成 10 个组，每个组都由 10 个一位数组成，前面 9 个数都表示张数，最后一个数既表示这一组的第 10 张，又表示这个组的组序号码即第几组。这样在点数时记数的频率和捻钞的速度能基本吻合。另一种方法是 1、2、3、4、5、6、7、8、9、10；2、2、3、4、5、6、7、8、9、10；……10、2、3、4、5、6、7、8、9、10。这种记数方法的原则与上一种相同，不同的是把组的号码放在每组数的前面。这两种记数方法既简捷迅速又省力好记，有利于准确记数。记数时要注意不要用嘴念出声来，要用心记，做到心、眼、手三者的密切配合。需要注意的是，单指单张点钞计数要求从一开始累计计数，计数时要用脑子配合手的动作来记，切忌用口念数或不用累计计数方法，因为这些不正确的方法都会影响点钞的速度和点钞的准确性。

5. 扎把。银行出纳制度规定，钞票100张为一把。扎把是点钞的一道重要程序，有一定的技巧和质量标准，既要扎得快，又要扎得紧。本书在后面的教学任务中将详细介绍扎把的常用方法。

6. 盖章。盖章是点钞过程的最后一环，在捆钞条上加盖点钞员名章，表示对此把钞券的质量、数量负责，所以每个出纳员点钞后均要盖章，而且图章要盖得清晰，以看得清图章上的全部字符为准。

总之，单指单张点钞，首先，要注意拇指小关节的活动频率与耐力，捻钞时肌肉要放松，因为拇指捻钞的快慢会直接影响点钞的速度。其次，捻钞时拇指要轻捻，无名指要快弹，同时拇指不宜抬得过高，而且捻钞的幅度要小（拇指接触钞票的面积）。此种点钞方法姿势优美，轻松自如，不但点钞速度快，准确率高，而且适用面广，易挑残和识假。

【任务小结】

本任务环节展示了点钞工作的规范流程和基本要求，并重点介绍了单指单张点钞法的操作要领。通过学习和训练让学生熟练掌握点钞技巧，并能够灵活运用单指单张点钞法准确完成钞券的清点。

【考核】

思考题：在运用单指单张点钞法进行点钞练习时需要注意避免哪些问题？

课后训练：

1. 学生两人一组互相考核，进行单指单张点钞法规范性和点数准确性训练。

2. 在点钞手势规范、点数准确的基础上，通过反复训练逐步提高点钞速度，并记录正确完成100张钞券清点所用时间。

【拓展】

◇ 知识链接1

单指多张点钞法

用手持式单指单张点钞的持票方式，每次捻两张或两张以上钞票的点钞方法为单指多张点钞技术。它是从手持式单指单张点钞技术的基础上发展而来的一种技术。它捻动钞票的频率慢，但每次捻下钞票的张数多，记数简单省力，故可以减轻操作人员的脑力劳动。但它不能全面地观察票面，不利于挑剔损伤券和假币。所以这种技术一般适用于做复点工作。

单指多张点钞的操作要领除了记数方法与单指单张点钞有些不同外，其他都基本相同。

（一）清点

清点时右手拇指指肚放在钞券的右上角，拇指尖略超过票面。如点双张，先用拇指指肚捻下第 1 张，拇指指尖捻下第 2 张；如点 3 张及 3 张以上时，同样先用拇指指肚捻下第 1 张，然后依次捻下后面一张，用拇指指尖捻下最后一张，要注意拇指均衡用力，捻的幅度也不要太大，食指、中指在钞券后面配合拇指捻动，无名指向怀里弹。为增大审视面，并保证左手切数准确，点数时眼睛要从左侧向右看，这样容易看清张数和残破券、假币。

（二）记数

由于一次捻下多张，应采用分组记数法，以每次点的张数为组记数。如点 2 张，即以 2 张为组记数，每捻 2 张记一个数，50 组就是 100 张；如点 3 张，即以 3 张为组记数，每捻 3 张记一个数，33 组余 1 张就是 100 张，依此类推。

◇ 知识链接 2

钞票的由来

（一）纸币是在市场上可以流通的纸质货币

纸币是由国家发行并强制通用的货币符号，是用纸印制的货币符号的统称。它本身没有价值，但可以代替足值的货币在市场上流通。纸币在商品交换中起到了媒介作用。我国是最早使用纸币的国家，如北宋的交子，已具有纸币的特性；金国的交钞和南宋的会子已经是纯粹的纸币；到元代则出现了不兑现的纸币。而在欧洲，直到 17 世纪末才开始出现纸币。现代纸币主要有钞票和支票存款两种形式。钞票就是纸币，又称现金；支票存款也称存款货币，是指存在银行可以随时提取的活期存款。所以说，纸币和钞票不是同义语。不知从何时起，我们习惯把纸币之类——不管它是美元、人民币还是英镑，或是法郎——通常用一个词来称呼：钞票。我们为什么要把它们称为钞票呢？

（二）钞票的由来

在我国历史上，银两和铜钱一直是主要的货币单位。但人们发现在进行大宗商业活动时，要携带这些货币非常不方便，于是便出现了由当铺、票号和商店等发放的取银凭证（银票）和由官府发放的取钱凭证（宝钞）。银票与宝钞的大范围流通发生在清朝晚期。在当时的市场中，由于用小额货币需使用宝钞，用银两就使用银票。老百姓出行购物需带两种纸币。为了便于称呼，就把两种纸币合称为“钞票”了。

（三）人民币的常识

《中国人民银行法》第三章第十六条规定：“中华人民共和国的法定货币是人民币。”我国在 1948 年 12 月 1 日开始发行第一套人民币；

1955 年 3 月 1 日开始发行第二套人民币；

1962 年 4 月 15 日开始发行第三套人民币；

1987 年 4 月 27 日开始发行第四套人民币；

1999 年 10 月 1 日起在全国陆续发行第五套人民币。

第五套人民币有 100 元、50 元、20 元、10 元、5 元、1 元、5 角和 1 角共 8 种面额。人民币的单位为元（圆）（人民币元 Renminbi Yuan，简写“RMB”，以“¥”为代号）。

人民币辅币单位为角、分。人民币没有规定法定含金量，它执行价值尺度、流通手段、支付手段等职能。

任务1－2　运用多指多张点钞法清点现金

【案例引入】

客户李莉持现金来到银行要求将现金 10000 元存入她本人的活期储蓄账户中，请以银行柜员身份完成客户现金的手工清点。

【学习任务】

（一）四指四张点钞法

四指四张点钞法也称四指拨动点钞或手持式四指扒点法。它适用于收款、付款和整点工作，是一种适用广泛，比较适合柜面收付款业务的点钞方法。它的优点是速度快、效率高。由于每指点一张，票面可视幅度较大，看得较为清楚，有利于识别假币和挑剔损伤券。

四指四张点钞法的具体操作方法如下。

1. 持钞。钞券墩齐横立，左手持钞。持钞时，掌心朝胸前，手指向下，中指在票前，食指、无名指、小指在后，将钞券夹紧；以中指为轴心五指自然弯曲，中指第二关节顶住钞券，向外用力，小指、无名指、食指、拇指同时向手心方向用力，将钞券压成“U”形，“U”口朝里；这里要注意食指和拇指要从右上侧将钞券往里下方轻压，打开微扇；手腕向里转动 90°，使钞券的凹面向左但略朝里，凸面朝外向右；中指和无名指夹住钞券，食指移到钞券外侧面，用指尖管住钞券，以防下滑，大拇指轻轻按住钞券外上侧，既防钞券下滑又要配合右手清点。最后，左手将钞券移至胸前约 20cm 的位置，右手五指可以蘸少量水或者点钞蜡起辅助作用，做好清点准备。如图 1－8 和图 1－9 所示。

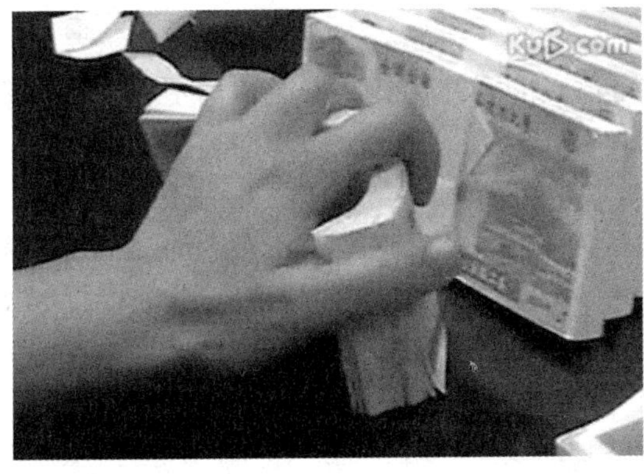

图 1－8

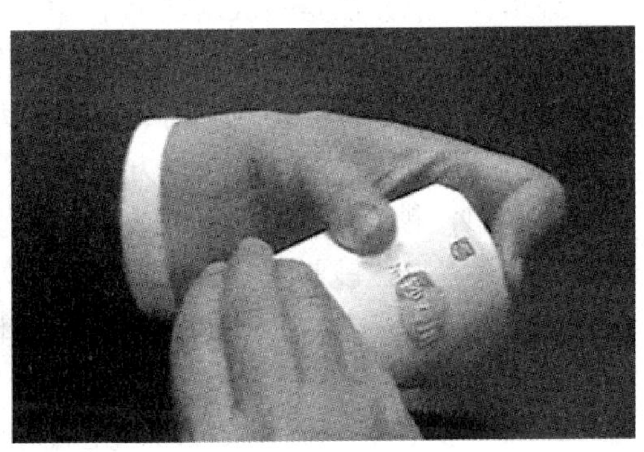

图 1－9

2. 清点。两只手摆放要自然 。一般左手持钞略低，右手手腕抬起高于左手。清点时，右手拇指轻轻托住内上角里侧的少量钞券；其余四指自然并拢，弯曲成弓形；食指在上，中指、无名指、小指依次略低，四个指尖呈一条斜线。然后从小指开始，四个指尖依次各捻下一张，四指共捻四张。接着以同样的方法清点，循环往复，点完 25 次即点完 100 张。用这种方法清点要注意这样几个方面：一是捻钞券时动作要连续，下张时一次一次连续不断，当食指捻下本次最后一张时，小指要紧紧跟上，每次之间不要间歇。二是捻钞的幅度要小，手指离票面不要过远，四个指头要一起动作，加快往返速度。三是四个指头与票面接触面要小，应用指尖接触票面进行捻动。四是右手拇指随着钞券的不断下捻向前移动，托住钞券，但不能离开钞券。五是在右手捻钞的同时左手要配合动作，每当右手捻下一次钞券，左手拇指就要推动一次，二指同时松开，使捻出的钞券自然下落，再按住未点的钞，往复动作，使下钞顺畅自如。如图 1－10 和图 1－11 所示。

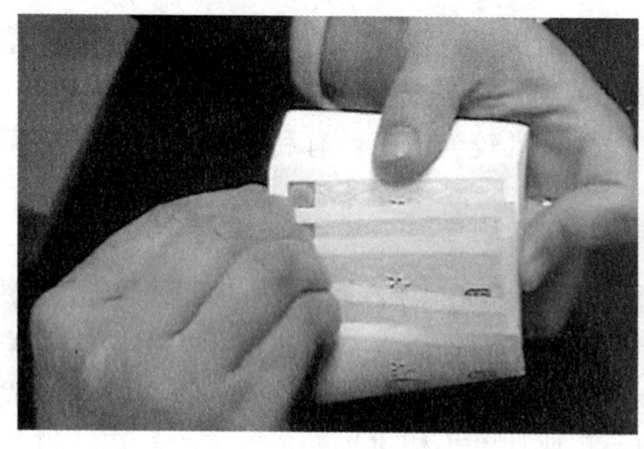

图 1－10

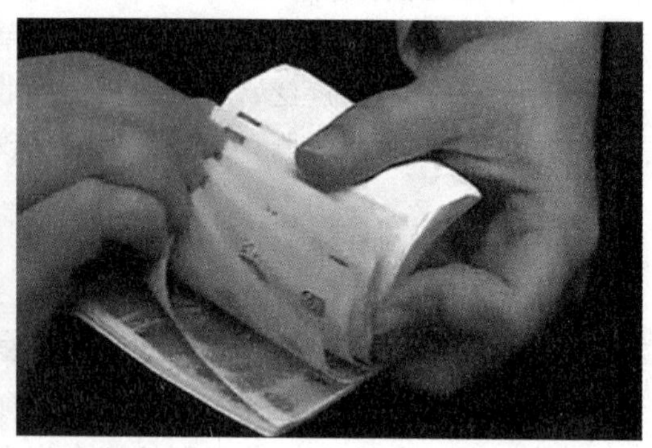

图 1－11

3. 记数。采用分组记数法。以四个指头顺序捻下四张为一次，每次为一组，25 次即 25 组即为 100 张。

4. 扎把与盖章。

（二）五指五张点钞法

五指五张点钞法是一次用五个手指完成一组点钞动作的清点方法，这种方法要求五个手指依次动作，动作幅度较大，一组动作可清点五张钞券。该方法适用于收款、付款和整点工作。它的优点是效率高、记数省力，可减轻工作强度。

五指五张点钞法的具体操作方法如下。

1. 持钞。钞券横立墩齐，用左手持钞。持钞时左手掌心向上，用左手的大拇指、无名指和小手指握住钞票的左端约四分之一处，如图 1－12 所示。右手将钞券右端推起使钞券成 U 形，左手的大拇指和中指捏住推起的钞券两侧，左手食指抵住钞券背面，使钞券中间略微拱起，如图 1－13 所示。

2. 清点。右手五个手指可以事先蘸适量的甘油或点钞蜡起辅助作用，大拇指从钞券左上角向外侧拨动，如图 1－14 所示，食指、中指、无名指和小手指从右上角依次向怀里方向拨动钞券，如图 1－15 所示，右手五个手指每个手指拨动一张，一组动作为五张，如此循环往复。经过一段时间的正确练习，动作熟练后，点钞犹如“弹琵琶”，手指动作达到流畅自如。

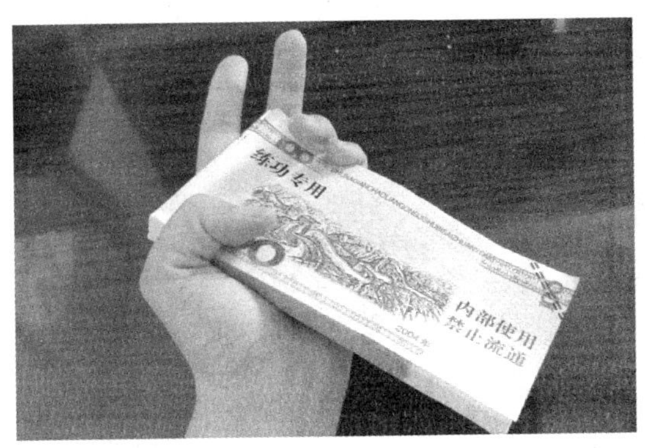

图 1－12

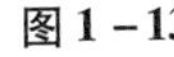

图 1－13

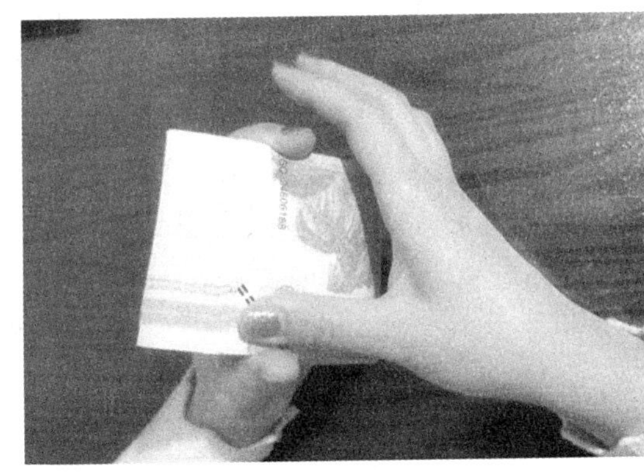

图 1－14

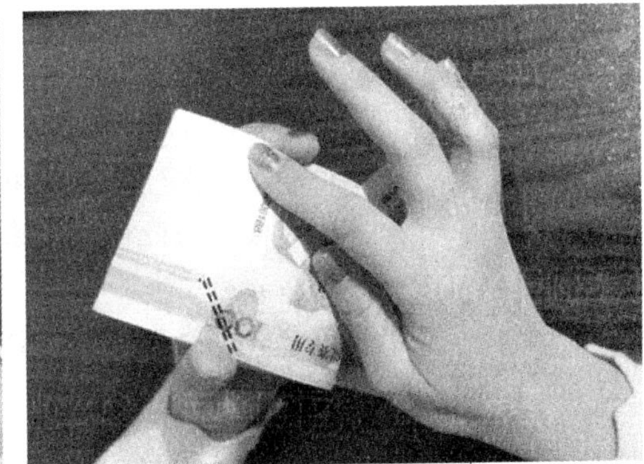

图 1－15

3. 记数。采用分组记数，每五张为一组记一个数，记满 20 组即为 100 张。

4. 扎把与盖章。

【任务小结】

本任务环节展示了多指多张点钞法的规范流程和基本要求，并分别介绍了四指四张点钞法和五指五张点钞法的操作要领。通过学习和训练让学生熟练掌握点钞技巧，并能够灵活运用多指多张点钞法准确完成钞券的清点。

【考核】

思考题： 1. 多指多张点钞法和单指单张点钞法的优缺点比较分析。

2. 在运用多指多张点钞法进行点钞练习时需要特别注意哪些问题？

课后训练：

1. 前后四名学生分为一组，每组一名同学先点钞，其他三名同学观察其点钞动作是否正确，若某个操作要领不正确，立即指出来，帮助其改正。

2. 模拟银行情境；由各个小组推荐一人上台当银行临柜人员，下面每组一个学生自愿上去存钞，临柜用新学点钞法手清点后用点钞机复点检查。

3. 在点钞手势规范、点数准确的基础上，通过反复训练逐步提高点钞速度，并记录正确完成100张钞券清点所用时间。

【拓展】

◇ 知识链接3

现金管理暂行条例

1988年9月8日中华人民共和国国务院令第12号发布，根据2011年1月8日《国务院关于废止和修改部分行政法规的决定》修订

第一章 总 则

第一条 为改善现金管理，促进商品生产和流通，加强对社会经济活动的监督，制定本条例。

第二条 凡在银行和其他金融机构（以下简称开户银行）开立账户的机关、团体、部队、企业、事业单位和其他单位（以下简称开户单位），必须依照本条例的规定收支和使用现金，接受开户银行的监督。

国家鼓励开户单位和个人在经济活动中，采取转账方式进行结算，减少使用现金。

第三条 开户单位之间的经济往来，除按本条例规定的范围可以使用现金外，应当通过开户银行进行转账结算。

第四条 各级人民银行应当严格履行金融主管机关的职责，负责对开户银行的现金管理进行监督和稽核。

开户银行依照本条例和中国人民银行的规定，负责现金管理的具体实施，对开户单位收支、使用现金进行监督管理。

第二章 现金管理和监督

第五条 开户单位可以在下列范围内使用现金：

（一）职工工资、津贴；

（二）个人劳务报酬；

（三）根据国家规定颁发给个人的科学技术、文化艺术、体育等各种奖金；

（四）各种劳保，福利费用以及国家规定的对个人的其他支出；

（五）向个人收购农副产品和其他物资的价款；

（六）出差人员必须随身携带的差旅费；

（七）结算起点以下的零星支出；

（八）中国人民银行确定需要支付现金的其他支出。

前款结算起点定为1000元。结算起点的调整，由中国人民银行确定，报国务院备案。

第六条 除本条例第五条第（五）、（六）项外，开户单位支付给个人的款项，超过使用现金限额的部分，应当以支票或者银行本票支付；确需全额支付现金的，经开户银行审核后，予以支付现金。

前款使用现金限额，按本条例第五条第二款的规定执行。

第七条 转账结算凭证在经济往来中，具有同现金相同的支付能力。

开户单位在销售活动中，不得对现金结算给予比转账结算优惠待遇；不得拒收支票、银行汇票和银行本票。

第八条　机关、团体、部队、全民所有制和集体所有制企业事业单位购置国家规定的专项控制商品，必须采取转账结算方式，不得使用现金。

第九条　开户银行应当根据实际需要，核定开户单位3天至5天的日常零星开支所需的库存现金限额。

边远地区和交通不便地区的开户单位的库存现金限额，可以多于5天，但不得超过15天的日常零星开支。

第十条　经核定的库存现金限额，开户单位必须严格遵守。需要增加或者减少库存现金限额的，应当向开户银行提出申请，由开户银行核定。

第十一条　开户单位现金收支应当依照下列规定办理：

（一）开户单位现金收入应当于当日送存开户银行。当日送存确有困难的，由开户银行确定送存时间；

（二）开户单位支付现金，可以从本单位库存现金限额中支付或者从开户银行提取，不得从本单位的现金收入中直接支付（即坐支）。因特殊情况需要坐支现金的，应当事先报经开户银行审查批准，由开户银行核定坐支范围和限额。坐支单位应当定期向开户银行报送坐支金额和使用情况；

（三）开户单位根据本条例第五条和第六条的规定，从开户银行提取现金，应当写明用途，由本单位财会部门负责人签字盖章，经开户银行审核后，予以支付现金；

（四）因采购地点不固定，交通不便，生产或者市场急需，抢险救灾以及其他特殊情况必须使用现金的，开户单位应当向开户银行提出申请，由本单位财会部门负责人签字盖章，经开户银行审核后，予以支付现金。

第十二条　开户单位应当建立健全现金账目，逐笔记载现金支付。账目应当日清月结，账款相符。

第十三条　对个体工商户、农村承包经营户发放的贷款，应当以转账方式支付。对确需在集市使用现金购买物资的，经开户银行审核后，可以在贷款金额内支付现金。

第十四条　在开户银行开户的个体工商户、农村承包经营户异地采购所需货款，应当通过银行汇兑方式支付。因采购地点不固定，交通不便必须携带现金的，由开户银行根据实际需要，予以支付现金。

未在开户银行开户的个体工商户、农村承包经营户异地采购所需货款，可以通过银行汇兑方式支付。凡加盖“现金”字样的结算凭证，汇入银行必须保证支付现金。

第十五条　具备条件的银行应当接受开户单位的委托，开展代发工资、转存储蓄业务。

第十六条　为保证开户单位的现金收入及时送存银行，开户银行必须按照规定做好现金收款工作，不得随意缩短收款时间。大中城市和商业比较集中的地区，应当建立非营业时间收款制度。

第十七条　开户银行应当加强柜台审查，定期和不定期地对开户单位现金收支情况进行检查，并按规定向当地人民银行报告现金管理情况。

第十八条　一个单位在几家银行开户的，由一家开户银行负责现金管理工作，核定开户单位库存现金限额。

各金融机构的现金管理分工，由中国人民银行确定。有关现金管理分工的争议，由当地人民银行协调、裁决。

第十九条　开户银行应当建立健全现金管理制度，配备专职人员，改进工作作风，改善服务设施。现金管理工作所需经费应当在开户银行业务费中解决。

第三章　法律责任

第二十条　银行工作人员违反本条例规定，徇私舞弊、贪污受贿、玩忽职守纵容违法行为的，应当根据情节轻重，给予行政处分和经济处罚；构成犯罪的，由司法机关依法追究刑事责任。

第四章　附　则

第二十一条　本条例由中国人民银行负责解释；施行细则由中国人民银行制定。

第二十二条　本条例自1988年10月1日起施行。1977年11月28日发布的《国务院关于实行现金管理的决定》同时废止。

任务1-3　运用扇面点钞法清点现金

【案例引入】

青年柜员小莹要参加点钞比赛，想学习一种更加省时省力，适合竞赛使用的手工点钞方法。

【学习任务】

扇面点钞法

扇面点钞法是把钞券打开成扇面的形状进行清点的一种点钞方法。它适合于整点新券和复点工作，其特点是速度快、效率高，在点钞竞赛中应用也较为广泛。使用该点钞方法清点的时候只能看见钞券的边缘，票面可视面积小，不利于挑剔残破券和鉴别假币，也不适用于整点新旧币混合的钞券。

扇面点钞法的具体操作方法如下。

1. 持钞。左手拇指在票前下部中间票面约四分之一处，将钞票竖拿起，拇指在钞票前，食指、中指、无名指和小指在钞票的后面，形成拇指与其他任何一指在钞票的前后两面对称轴心捏住，无名指和小指拳向手心。右手拇指在左手拇指的上端，用虎口从右侧卡住钞票成瓦形，此时的姿势是，左、右手的中指、无名指和小指重叠在一起，右手食指、虎口、拇指抱住钞票准备开扇，如图1-16所示。

图1-16

2. 开扇。开扇是扇面点钞的一个重

要环节，扇面要开得均匀，为点数打好基础，做好准备。其方法是：以左手的拇指和中指为轴，右手食指将钞票向胸前左下方压弯，然后再猛向右方闪动，同时右手拇指在票前向左上方推动钞票，食指、中指在票后面用力向右捻动，左手拇指在钞票原位置向逆时针方向画弧捻动，食指、中指在票后面用力向左上方捻动，右手手指逐步向下移动，至右下角时即可将钞票推成扇面形。如有不均匀的地方，可双手持钞抖动，使其均匀。打扇面时，左右两手一定要配合协调，不要将钞票捏得过紧，如果点钞时采取一按十张的方法，扇面要开小些，便于清点，如图 1－17 所示。

3. 点数。左手持扇面，右手中指、无名指、小指托住钞票背面，拇指在钞票右上角 1 厘米处，一次按下五张或十张；按下后用食指压住，拇指继续向前按第二次，依此类推，同时左手应随右手点数速度向内转动扇面，以迎合右手按动，直到点完 100 张为止，如图 1－18 所示。

图 1－17

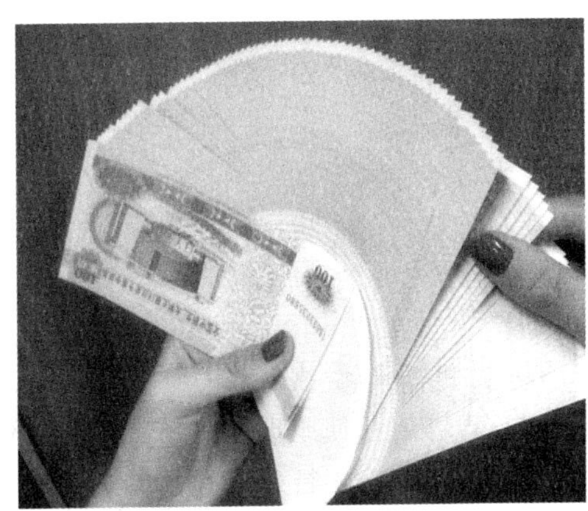

图 1－18

4. 记数。采用分组记数法。一次按 5 张为一组，记满 20 组为 100 张；一次按 10 张为一组，记满 10 组为 100 张。

5. 合扇。清点完毕合扇时，将左手向右倒，右手托住钞票右侧向左合拢，左右手指向中间一起用力，使钞票竖立在桌面上，两手松拢轻墩，把钞票墩齐，准备扎把，如图 1－19 所示。

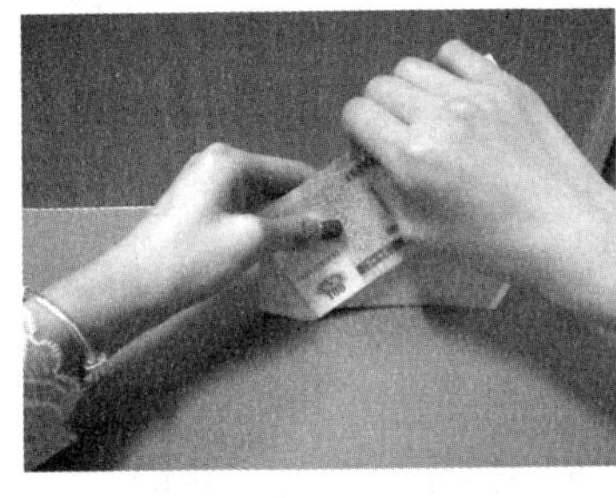

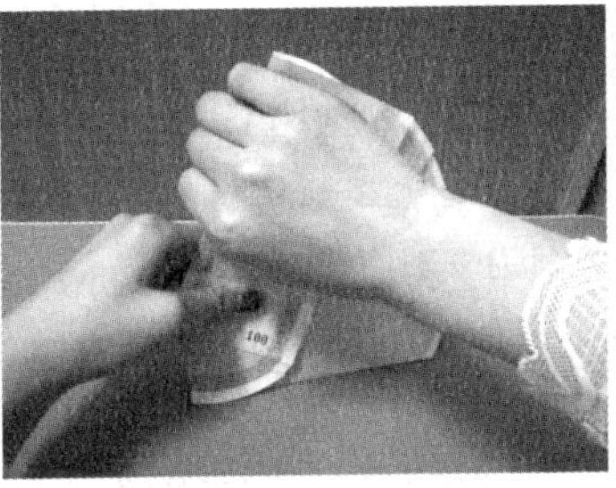

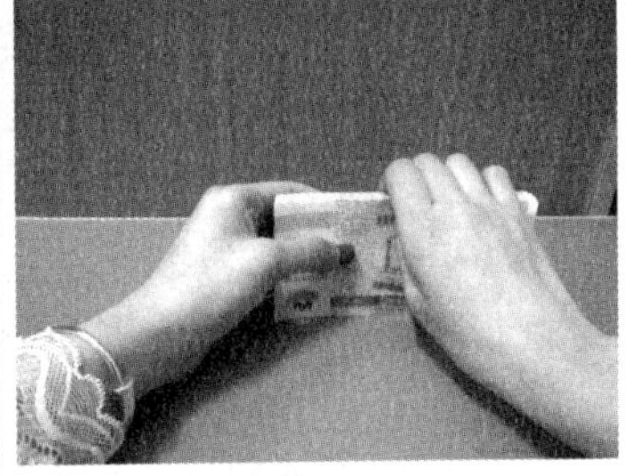

图 1－19

【任务小结】

本任务环节展示了扇面点钞法的内容及应用，并重点介绍了扇面点钞法的操作要领。通过学习和训练让学生熟练掌握点钞技巧，并能够灵活运用扇面点钞法准确完成钞券的清点。

【考核】

思考题：运用扇面点钞法正确完成钞券清点的关键环节有哪些？

课后训练：

1. 学生两人一组互相考核，进行扇面点钞法规范性和点数准确性训练。

2. 在点钞手势规范、点数准确的基础上，通过反复训练逐步提高点钞速度，并记录正确完成100张钞券清点所用时间。

任务1-4 机器点钞与捆钞

【案例引入】

蓝天科技公司出纳李莉持现金缴款单和20万元现金来到银行要求将款项存入公司的活期存款账户基本户中，请以银行柜员身份完成客户现金的清点。

【学习任务】

（一）机器点钞

机器点钞就是使用点钞机整点钞票以代替手工整点。机器点钞代替手工点钞，对提高工作效率，减轻银行一线柜员劳动强度，改善临柜服务态度，加速资金周转都有积极的作用。随着金融事业的不断发展，柜员的收付业务量也日益增加，机器点钞已成为银行柜员点钞的主要方法。

点钞机是一种自动清点钞票数目的机电一体化装置，一般带有伪钞识别功能，是集计数和辨伪钞票的机器。由于现金流通规模庞大，银行出纳柜台现金处理工作繁重，点钞机已成为银行不可缺少的设备。随着印刷技术、复印技术和电子扫描技术的发展，伪钞制造水平越来越高，必须不断提高点钞机的辨伪性能。国内点钞机的生产遵循2010年修订颁布的新版《人民币鉴别仪通用技术条件》（GB 16999—2010）强制性国家标准。根据点钞机的功能可分为全智能型点钞机、半智能型点钞机和普通型点钞机。根据《人民币鉴别仪通用技术条件》（GB 16999—2010）规定，点钞机新国家强制性标准增加了人民币鉴别仪鉴伪等级指标，首次将点验钞机为分三个不同等级，即A、B、C三个等级，其中A、B类为银行类点验钞机等级，C类为商业类点验钞机等级。A类点钞机鉴伪能力最强，具有多光图像分析鉴别和冠字号识别能力，能够有效机读识别机制假币和变造假币。

1. 机器点钞的具体操作方法。点钞机的操作程序与手工点钞操作程序基本相同。

（1）点钞前的准备工作。将点钞机平放在桌面上，一般放置在点钞人员的正前方。待点钞券放置在机器的右侧，按钞券面值自左而右依次摆放；捆钞条、名章等其他用品放置在点钞机旁边。桌面物品摆放好后，接通点钞机电源进行试机，开机后观察显示屏显示是否正常，按下功能键仔细观察捻钞轮、接钞轮、接钞板和转速等是否正常；然后拿一把钞券试点，看机器运转是否均匀，下钞是否流畅，点钞是否准确、落钞是否整齐，如图1－20所示。

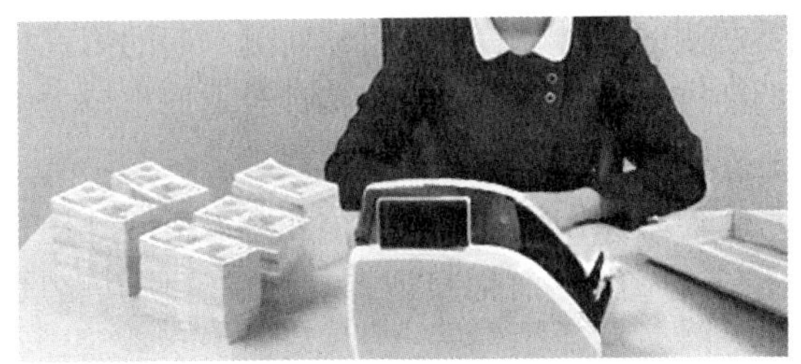

图1－20

（2）持票拆把。用右手从机器右侧拿起钞券，右手钞券横执，拇指与中指、无名指、小指分别捏住钞券两侧，拇指在里侧、其余三指在外侧，将钞券横捏成瓦形，中指在中间自然弯曲。然后用左手将捆钞条抽出，右手将钞券速移到下钞斗上面，如图1－21所示。

（3）点数。右手横握钞票，将钞券捻成前低后高的坡形，横放入下钞斗中，不要用力，使钞票顺势形成自然的斜度，如图1－22所示，拆下的捆钞条先放在桌子一边不要丢掉，以便查错用。

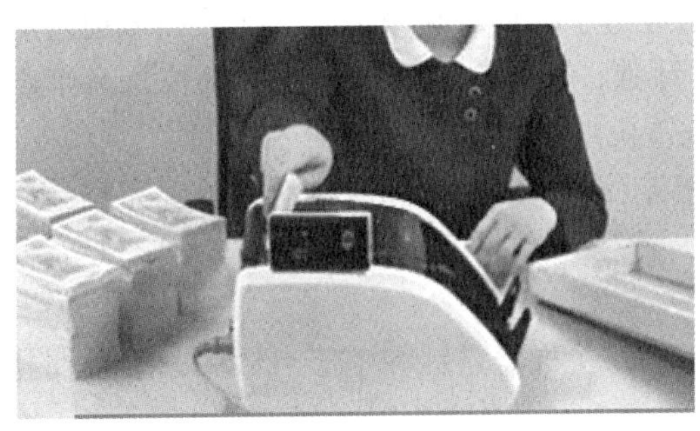

图1－21

图1－22

（4）记数。一把钞券清点完毕时，要核对点钞机显示屏上的清点张数是否为“100”。如显示的数字不为“100”，就必须重新复点。在复点前应先将点钞机重置为归零状态并保管好原把捆钞条。如经复点仍是原数，又无其他不正常情况时，说明该把钞券张数有误，即应将钞券连同原捆钞条同新的捆钞条一起用新的捆钞条扎好，并在新的捆钞条上写上差错张数，另作处理。一把点完，计数为百张，即可扎把。

（5）盖章。复点完全部钞券后，点钞员要逐把盖好名章。盖章时要做到先轻后重，整齐、清晰。

2. 机器点钞的注意事项。由于机器点钞速度快，要求两手动作要协调，各个环节要紧凑，下钞、拿钞、扎把等动作要连贯，当右手将一把钞券放入下钞斗后，马上拆开第二把，准备下钞，眼睛注意观察点钞机上的钞券。当传送带上最后一张钞券点完后，左手迅速将钞券拿出，同时右手将第二把钞券放入下钞斗，如图1－23所示，然后对第一把钞券进行扎把。扎把时眼睛仍应注意观察点钞机上的钞券。当左手将第一把钞券放在

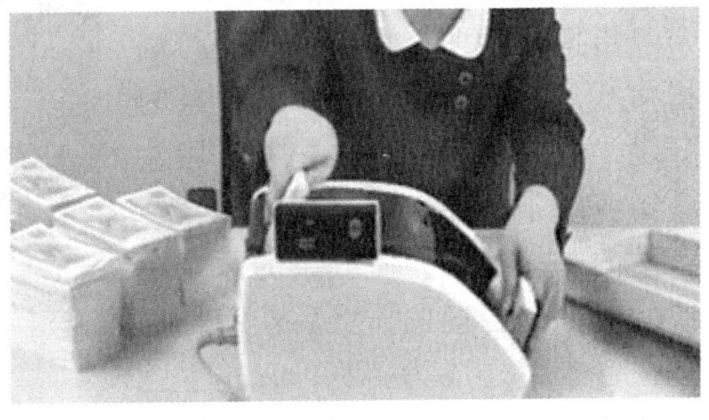

图1－23

机器左侧的同时，右手从机器右侧拿起的第三把钞券做好下钞准备，左手顺势抹掉第一把的捆钞条后，左手迅速从接钞台上取出第二把钞券进行扎把。这样顺序操作，连续作业，才能提高工作质量和工作效率。

在连续操作的过程中，须注意以下问题：

（1）放钞之前把整把钱捻一下，使其略展开，在长边形成一个小斜面，斜面向下放钞。

（2）放钞时不要太用力，把整把钞票往上轻轻一放就可以了，利用钞票本身的重量与机器胶轮向下捻搓的动作相配合就可以正常完成点钞。放钞时太过用力是造成卡钞的主要原因。

（3）注意不要将换前把与后把的原把捆钞条混淆，以分清责任。

（4）钞券进入下钞斗后，左手取钞必须取净，然后右手再放入另一把钞券，以防止串把现象。

（5）卡钞后不用按恢复键，只要把前面已经过了的钱拿起来再放下（后面未通过的部分不要拿起来），机器就会继续点钞并连续计数。机器在已经通过的钞票位置有个电子感光眼，这个动作会使感光眼作出反应使点钞机继续工作。

（6）如果发现钞券把内有其他券种或损伤券及假币时，应随时挑出并补上完整券后才能扎把。

（二）捆钞

腰条捆扎技术是纸币清点中的一个重要环节，在机器点钞和手工点钞中，腰条捆扎速度对提高点钞整体速度起到不可忽视的作用。

捆扎现金要每百张为一把，用腰条在钞票中间扎好，不足百张的则将腰条捆扎在钞票一端的三分之一处，并将张数、金额写在腰条的正面。

凡经整点的现金必须在钱把侧面腰条上加盖经办人名章。每十把钞票用细绳以双十字形捆扎为一捆，在顶端加贴封签，并加盖捆扎人的名章。常用的扎把方法有以下两种：

1. 拧结法。扎把时左手横持已墩齐的钞票，拇指在前，食指压在上侧，其余三指捏在钞票后面。右手拇指和中指拿纸条的三分之一处，把纸条的三分之二处放在钞票上侧中间，用左手食指将纸条压住，右手食指勾住钞票背面的一端纸条，使纸条的两端在钞票的背面吻合捏紧，然后左手稍用力握住钞票使之成为斜瓦形，左手腕向外转动，右手捏住纸条向怀里转动，随后双腕还原，同时将右手两端的纸条拧半劲，用食指将纸条顺斜瓦掖下，即完成扎把，如图 1－24 ~ 图 1－27 所示。

图 1－24

2. 夹条缠绕法。夹条缠绕法扎把，是将纸条一端插入钞票，缠绕两圈或一圈的方法。

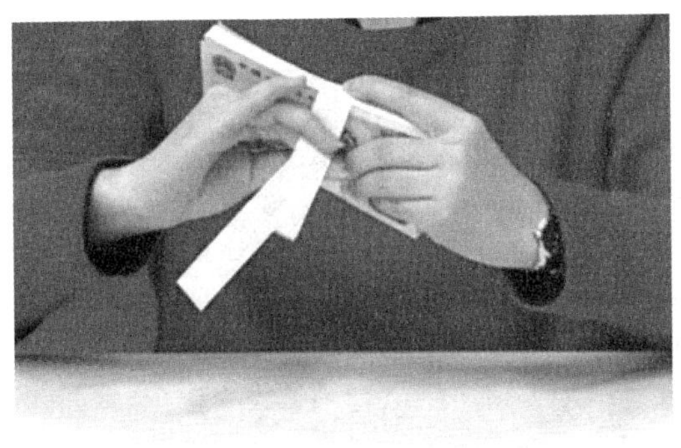

图 1－25

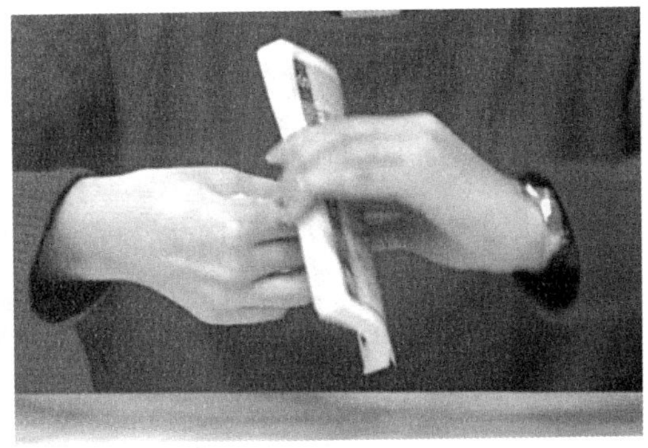

图 1－26

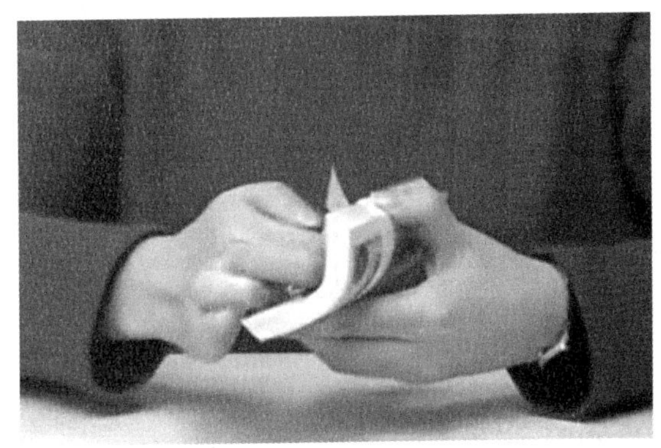

图 1－27

扎把时先将钞票墩齐，左手拇指在前，其余四指在后，横握钞票上侧左半部分，用食指将钞票上侧中间分开一条缝，用右手拇指、食指和中指，捏住竖起纸条（留出约 5cm 长）的一端，插入缝内约 2cm 左右，这三个手指前后换位绕钞票缠两圈（或一圈）。与此同时，左手用力将钞票压成小瓦形，右手将缠绕的纸条稍用力拉紧后，右手拇指和食指将纸条余端向右手方向打折成 45°角，掖入缠绕好的纸条下即可，如图1－28～图 1－32 所示。

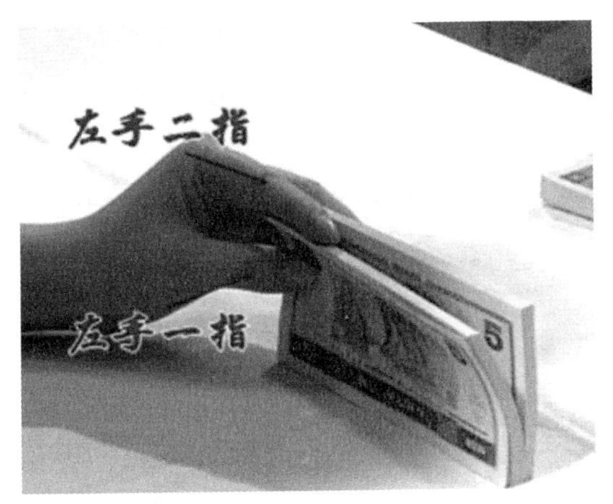

图 1－28

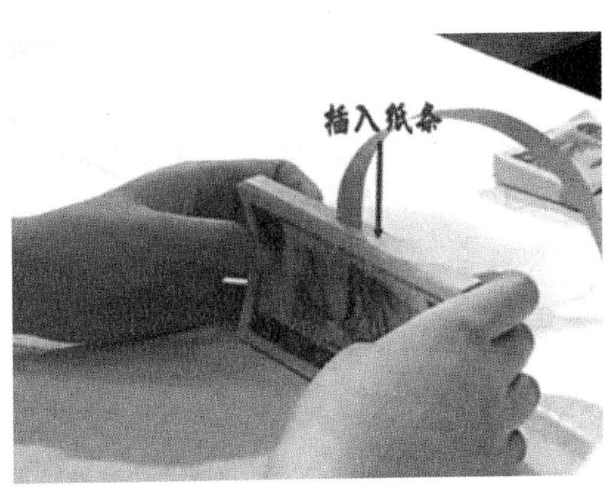

图 1－29

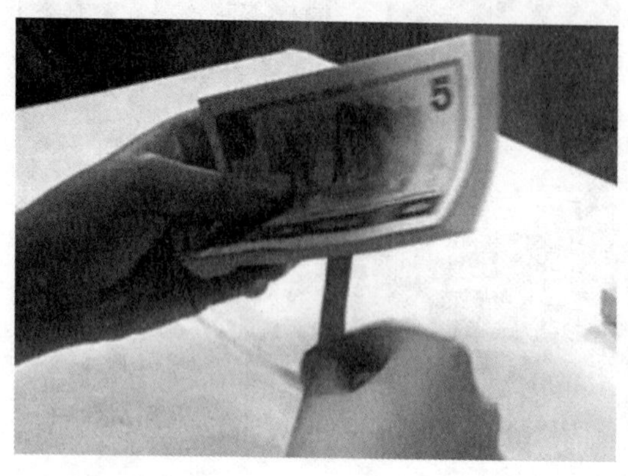

图 1-30

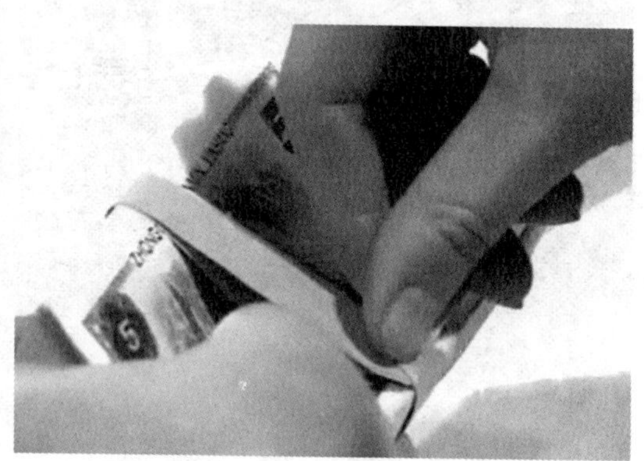

图 1-31

3. 压条缠绕法。压条缠绕法是将纸条一端放在待捆扎的钞票后面，用左手压住纸条进行扎把的一种方法。

扎把时左手横捏住钞票，右手食指、中指在外，拇指在里。横向捏住纸条左端，留出约 7cm 长，放在钞票背面中间，用左手食指和中指压住，然后用右手向怀里绕钞票缠两圈。

图 1-32

【任务小结】

本任务环节展示了点钞机的应用，重点介绍了手工捆钞的几种常用方法，通过学习和训练让学生能够熟练准确地完成机器点钞和捆钞的全过程。

【考核】

思考题：捆钞条捆扎的位置有什么要求？

课后训练：结合前面学习的点钞方法，学生课后进行自我训练并计时，记录十分钟的时间内能正确完成清点、扎把、盖章流程的钞票把数。

【拓展】

◇ 知识链接 4

点钞机的辨伪原理

辨伪是通过检测人民币的固有特性来分辨真假。点钞机是机电一体化产品，涉及机械、电、光、磁等多个领域的知识，需要各方面的互相配合。

折叠荧光检测

荧光检测的工作原理是针对人民币的纸质进行检测。人民币采用专用纸张制造（含

85%以上的优质棉花），假钞通常采用经漂白处理后的普通纸进行制造，经漂白处理后的纸张在紫外线（波长为365nm的蓝光）的照射下会出现荧光反应（在紫外线的激发下衍射出波长为420~460nm的蓝光），人民币则没有荧光反应。所以，用紫外光源对运动钞票进行照射并同时用硅光电池检测钞票的荧光反应，即可判别钞票真假。为排除环境光对辨伪的干扰，必须在硅光电池的表面安装一套透过波长与假钞荧光反应波长一致的滤色片。

（1）在荧光检测中，需要注意两个问题：①检测空间的遮光。外界光线进入检测空间会造成误报；②紫外光源和光电池的防尘。在点钞过程中如果有大量粉尘，这些粉尘粘附在光源表面会削弱检测信号，造成漏报。

（2）对第五版人民币，可同时检测荧光字（无色荧光油墨印刷，用另一硅光电池检测，滤色片的透过波长和真钞荧光反应波长一致）以提高辨伪效果。

折叠磁性检测

磁性检测的工作原理是利用大面额真钞（20元、50元、100元）的某些部位是用磁性油墨印刷，通过一组磁头对运动钞票的磁性进行检测，通过电路对磁性进行分析，从而辨别钞票的真假。

在磁性检测中，要求磁头与钞票摩擦适度。磁头过高则冲击信号大，造成误报；磁头过低则信号弱，造成漏报。通过控制磁头的高度（由加工和装配保证）和在磁头上方装压钞胶轮可满足检测需要。

人民币的磁性检测方法可分为四种：

（1）检测有无磁性。市场上的点钞机多采用此种方法，由于制造容易，故此种方法伪钞辨出率低。

（2）按磁性分布干什么检测磁性。采用两组或三组磁头分路检测磁性，辨伪水平可以提高一个档次，市场上部分点钞机采用此种方法。

（3）检测第五版人民币金属丝磁性。目前的技术水平停留在检测有无磁性。根据我们在示波器的观测，金属丝的磁性是很有规律的矩形波，且量值也很准确，由于很难仿制，因此在磁性检测中如果能利用这个特性，将大大提高辨伪水平。

（4）检测第五版人民币横号码磁性。目前的技术水平停留在检测有无磁性。由于横号码是一组带有一定磁性的数字，如果能够对横号码的磁性数量和大小进行检测，则辨伪水平可大大提高。

折叠红外穿透检测

红外穿透的工作原理是利用人民币的纸张比较坚固、密度较高以及用凹印技术印刷的油墨厚度较高，因而对红外信号的吸收能力较强来辨别钞票的真假。人民币的纸质特征与假钞的纸质特征有一定的差异，用红外信号对钞票进行穿透检测时，它们对红外信号的吸收能力将会不同。利用这一原理，可以实现辨伪。需要注意的是，油墨的颜色与厚度同样会造成红外穿透能力的差异。因此，必须对红外穿透检测的信号进行数学运算和比较分析。

折叠激光检测

用一定波长的红外激光照射第五版人民币上的荧光字，会使荧光字产生一定波长的激光，通过对此激光的检测可辨别钞票的真假。由于仿制困难，故用于辨伪很准确。

折叠光谱图像检测

点验钞时，对纸币进行一个波段或两个（含）以上波段独自的全幅成像、采集、分析、记录而实现纸币的真伪鉴别，横、纵向分辨率均在25dpi（含）以上，包含紫外图像分析鉴别技术、白光图像分析鉴别技术、红外图像分析鉴别技术、多光谱图像分析鉴别技术等。

折叠多光谱检测

以不同波长的LED颗粒排列成矩阵而成的多光谱光源、透镜阵列、图像传感器单元阵列、控制和信号放大电路以及输入输出接口；多光谱光源和透镜阵列形成光路系统，用于发射光线并将人民币上的反射光聚焦到图像传感器单元阵列上，运用多光谱图像传感器图像分析功能，对钞票进行真伪鉴别。

折叠数字量化检测

使用高速并行AD转换电路，高保真采集信号，对紫外光量化分析，可检测有微弱荧光反应的伪钞；对人民币的磁性油墨进行定量分析；对红外油墨进行定点分析；运用模糊数学理论，将一些边界不清、不容易定量的因素定量化，并建立安全性能评估的多级评估模型，对钞票进行真伪鉴别。

◇ 专业词汇中英文对照

点钞机（cash registers）

子项目二　票币兑换与票币计算

能力目标：

1. 能够快速准确地进行票币计算。
2. 能够正确进行票币兑换业务操作。

知识目标：

1. 掌握不同票币组合运算技巧。
2. 熟悉票币兑换的规定与标准。

素质目标：

1. 能够换位思考，银行业属于服务行业，银行柜员在办理票币兑换、零钱点收业务时，一方面要保证工作效率，另一方面要能够站在客户角度为客户着想，尽量满足客户需求。
2. 培养认真严谨的工作态度，办理业务时尽量不出差错。

任务2－1　票币兑换

【案例引入】

柜员陈晨在受理客户的现金存款业务时发现客户提交的现金中有残缺和污损的人民

币若干张，需要按照银行有关规定进行兑换处理。

【学习任务】

票币兑换主要包括主辅币兑换，残缺损伤票币兑换，人民币停用券和旧人民币、地方币的收兑。人民币在流通中如果出现结构比例失当或质量过差，就会影响正常的市场流通，给人民生活带来不便。因此，适时调节市场流通人民币的结构比例和及时回收、兑换损伤票币业务是银行出纳的重要工作任务之一。银行经办现金业务的各个营业单位，都应积极、认真地办理这些业务。残缺损伤票币兑换业务，是一项政策性很强的业务。由于人民币在流通中会受到各种难以预料的损伤，所以在办理损伤票币兑换业务时，必须严格按照中国人民银行制定的《残缺污损人民币兑换办法》及《残缺人民币兑换办法内部掌握说明》所规定的标准进行办理。做到兼顾国家和人民群众的利益，维护人民币信誉。

（一）票币兑换业务种类

票币兑换业务可分为三种，第一种是用大面额人民币调换小面额人民币业务。这项业务是调剂市场主辅币流通比例的主要手段，它直接为商品交易的顺利进行服务。第二种是用小面额人民币调换大面额人民币业务。以上两种业务是为了方便客户存储、携带及流通使用的需要，统称为主辅币的兑换。第三种是残缺人民币兑换业务。这项业务是为了保持市场流通人民币的整洁，维护人民币信誉和人民群众的利益。

（二）主辅票币的兑换

主辅票币的兑换工作一般由银行营业网点的临柜柜员办理。顾客要求主币兑换成辅币或辅币兑换成主币，银行柜员都应该热情办理。办理兑换时，柜员应仔细倾听顾客口述兑换要求，请客户填制“兑换清单”，写明兑换单位、兑换金额和要求兑换的券别。顾客填好兑换清单后，连同现金交给银行临柜柜员，银行临柜柜员经核对现金数额与兑换清单相符后，办理配款手续。柜员票币配妥后，经复核无误，和顾客确认兑换金额，一次当面将所兑换的票币付给顾客。为了做到手续清楚，责任分明，防止差错发生，柜员在兑换过程中一定要坚持先收后换，要做到笔笔清，一户一清，按规定的操作程序坚持复核。同时，银行要保留兑换清单，以避免不必要的纠纷。

（三）残损人民币的界定及其兑换标准

人民币在流通过程中，由于日久自然磨损，或由于火烧、水浸、虫蛀、鼠咬、霉烂等特殊原因，造成票币损伤，不能在市场上继续流通的，应及时到各商业银行办理兑换。为保护国家货币和人民利益，便利流通，在兑换过程中，银行要从实际出发，既要照顾群众利益，又要警惕一些人的欺骗多换，以达到保持流通票币整洁、方便群众，维护人民币信誉的目的。

中国人民银行《残缺污损人民币兑换办法》中规定：残缺、污损人民币是指票面撕裂、损缺，或因自然磨损、侵蚀，外观、质地受损，颜色变化，图案不清晰，防伪特征受损，不宜再继续流通使用的人民币。凡办理人民币存取款业务的金融机构（以下简称金融机构）应无偿为公众兑换残缺、污损人民币，不得拒绝兑换。

残损人民币兑换规范：

残缺、污损人民币兑换分“全额”“半额”“不予兑换”三种情况。

1. 能辨别面额，票面剩余四分之三（含四分之三）以上，其图案、文字能按原样连接的残缺、污损人民币，金融机构应向持有人按原面额全额兑换。

2. 能辨别面额，票面剩余二分之一（含二分之一）至四分之三以下，其图案、文字能按原样连接的残缺、污损人民币，金融机构应向持有人按原面额的一半兑换。

纸币呈正十字形缺少四分之一的，按原面额的一半兑换。

3. 不予兑换的残缺人民币

（1）票面残缺二分之一以上者。

（2）票面污损、熏焦、水湿、油渍、变色、不能辨别真假者。

（3）故意挖补、涂改、剪贴、拼凑、揭去一面者。

不予兑换的残缺人民币，由中国人民银行打洞作废，不得流通使用。

（四）票币兑换业务的处理

在办理各种票币兑换业务时，均应由客户填写票币兑换清单，经兑换专柜人员审核无误后，序时逐笔登记票币兑换登记簿，按照先收入后付出的操作顺序，准确无误地办理。

金融机构在办理残缺、污损人民币兑换业务时，应向残缺、污损人民币持有人说明认定的兑换结果。不予兑换的残缺、污损人民币，应退回原持有人。

残缺、污损人民币持有人同意金融机构认定结果的，对兑换的残缺、污损人民币纸币，金融机构应当面将带有本行行名的"全额"或"半额"戳记加盖在票面上；对兑换的残缺、污损人民币硬币，金融机构应当面使用专用袋密封保管，并在袋外封签上加盖"兑换"戳记。

残缺、污损人民币持有人对金融机构认定的兑换结果有异议的，经持有人要求，金融机构应出具认定证明并退回该残缺、污损人民币。

持有人可凭认定证明到中国人民银行分支机构申请鉴定，中国人民银行应自申请日起5个工作日内作出鉴定并出具鉴定书。持有人可持中国人民银行的鉴定书及可兑换的残缺、污损人民币到金融机构进行兑换。

金融机构应按照中国人民银行的有关规定，将兑换的残缺、污损人民币交存当地中国人民银行分支机构。

（五）人民币兑换案例实训

1. 全额兑换案例（如图1－33所示）

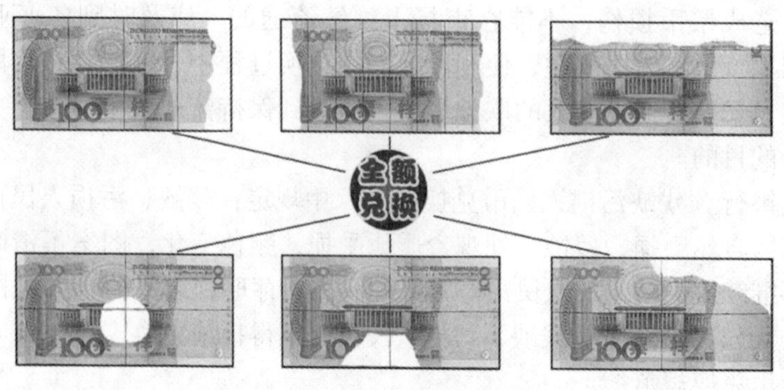

图1－33

2. 半额兑换案例（如图 1－34 所示）

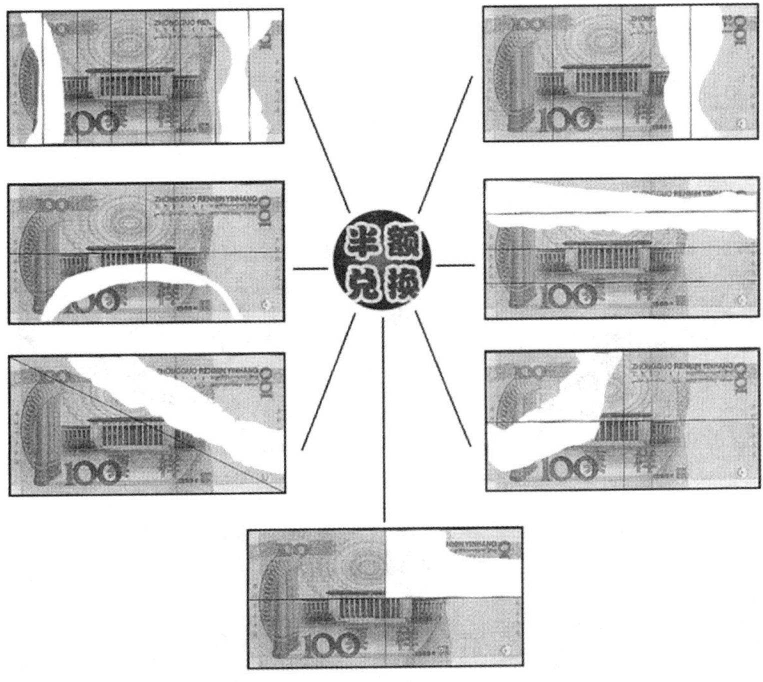

图 1－34

3. 不可兑换案例（如图 1－35 所示）

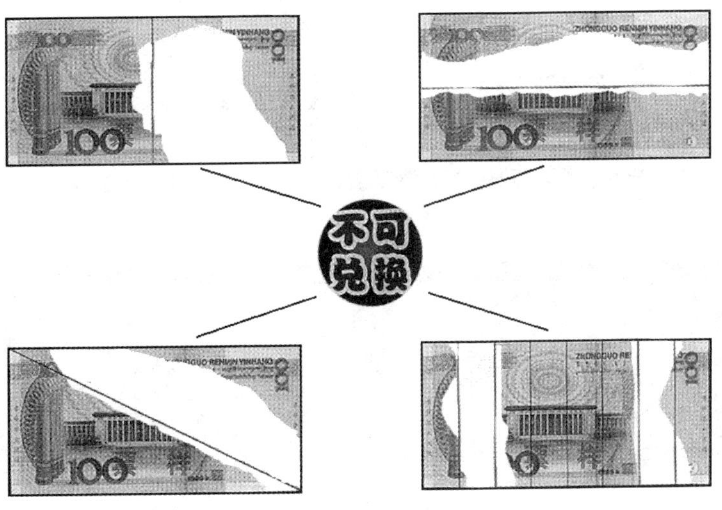

图 1－35

【任务小结】

本项任务主要介绍了银行柜面票币兑换业务的标准及兑换业务的处理，掌握残损人民币的兑换规范并能在工作中灵活应用对于柜员来讲是一项十分重要的技能。

【考核】

思考题：简述银行柜面票币兑换业务的处理流程。

课后训练：按照中国人民银行残缺人民币兑换标准，下列残缺人民币分别可以兑换多少元？

1.

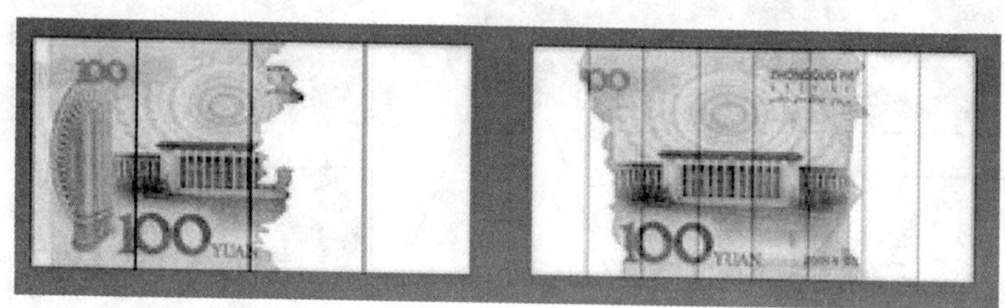

2.

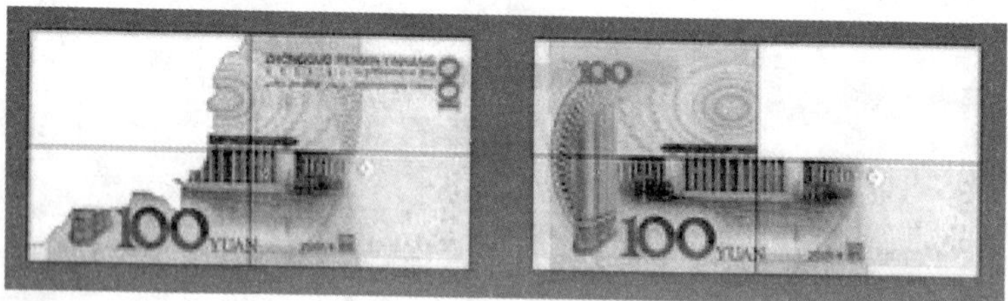

3.

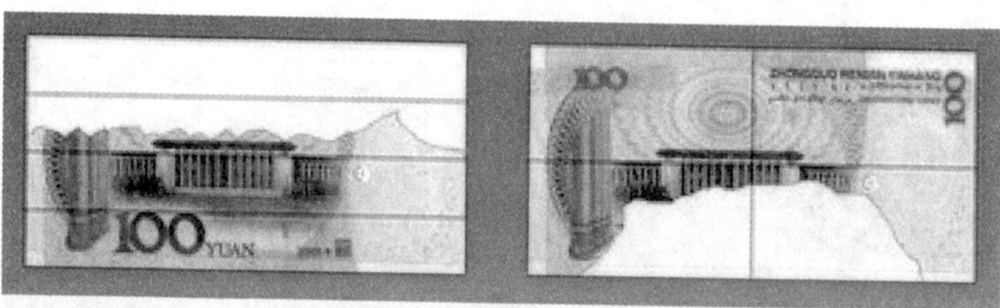

4.

5.

6.

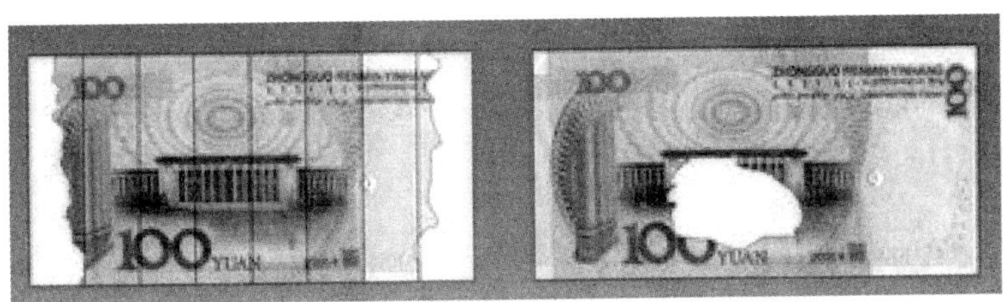

7.

8.

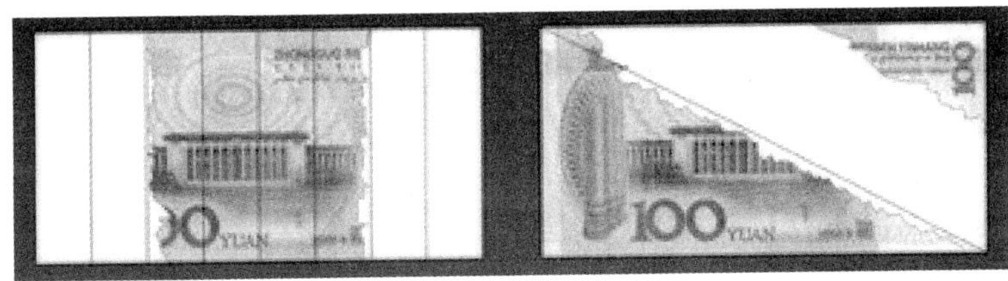

9.

【拓展】

◇ 知识链接 5

《人民币管理条例》关于禁止损害人民币等行为的规定

一、关于禁止损害人民币等行为的规定

第二十七条　禁止下列损害人民币的行为：

（一）故意毁损人民币；

（二）制作、仿制、买卖人民币图样；

（三）未经中国人民银行批准，在宣传品、出版物或者其他商品上使用人民币图样；

（四）中国人民银行规定的其他损害人民币的行为。

二、关于人民币票样管理的规定

《人民币管理条例》第十四条：人民币样币是检验人民币印制质量和鉴别人民币真伪的标准样本，由印制人民币的企业按照人民银行的规定印制。人民币样币上应当加印“样币”字样。

第二十八条：人民币样币禁止流通。人民币样币的管理办法，由中国人民银行制定。

三、关于人民币流通规定的解读

第二十五条　禁止非法买卖流通人民币。

纪念币的买卖，应当遵守中国人民银行的有关规定。

第二十六条　装帧流通人民币和经营流通人民币，应当经中国人民银行批准。

第三十九条　人民币有下列情形之一的，不得流通：

（一）不能兑换的残缺、污损的人民币；

（二）停止流通的人民币。

四、关于残缺、污损人民币规定及兑换标准

第二十二条　办理人民币存取款业务的金融机构应当按照中国人民银行的规定，无偿为公众兑换残缺、污损的人民币，挑剔残缺、污损的人民币，并将其交存当地中国人民银行。

中国人民银行不得将残缺、污损的人民币支付给金融机构，金融机构不得将残缺、污损的人民币对外支付。

第二十三条　停止流通的人民币和残缺、污损的人民币，由中国人民银行负责回收、销毁。具体办法由中国人民银行制定。

◇ **知识链接6**

《不宜流通人民币纸币》

中国人民银行于2017年5月25日发布了《不宜流通人民币纸币》行业标准，规定了不宜流通人民币纸币的类别及判定指标。按照规定，银行应免费为公众兑换不宜流通人民币纸币，不得付出不宜流通人民币纸币。

新标准与原旧标准的主要区别有以下几个方面：

1. 明确了不宜流通人民币的概念。
2. 界定了各类残损人民币特征。
3. 统一了不宜流通人民币纸币污旧度的判别标准。
4. 区分了纸币票面印刷区和非印刷区域标准。
5. 新增了不宜流通人民币纸币脱墨标准。
6. 对现行标准中界定不够清晰、容易引起歧义的内容，作出了明确规定。

不宜流通人民币纸币

1　范围

本标准规定了不宜流通人民币纸币的类别及判定指标。本标准适用于办理人民币存取款业务及整点业务的金融机构。

2　规范性引用文件

下列文件对于本文件的应用是必不可少的。凡是注日期的引用文件，仅所注日期的版本适用于本文件。凡是不注日期的引用文件，其最新版本（包括所有的修改单）适用于本文件。GB/T 22364—2008 纸和纸板弯曲挺度测试

3　术语和定义

下列术语和定义适用于本文件：

3.1　不宜流通人民币纸币（inappropriate circulated RMB banknote）是指外观、质地、防伪特征受损，变色变形，图案模糊，尺寸、重量发生变化，影响正常流通的人民币纸币。

3.2　光密度（optical density）是入射光强度与透射光强度之比值的常用对数值。

3.3　弯曲挺度（bending stiffness）是使一端夹紧的人民币样品弯曲至15°角时所需的力，以毫牛（MN）或牛（N）表示。

4　脏污

人民币纸币在流通过程中自然磨损、老化，使票面整体颜色改变，按照人民银行规定的各面额人民币纸币采样点及检测条件，检测的人民币纸币正面、背面采样点光密度V值分别计算平均值的最大值，若大于等于表1－1规定标准，为不宜流通人民币。

表1－1　　各面额光密度标准表

面额	光密度	面额	光密度
100元	0.23	5元	0.24
50元	0.24	1元	0.23
20元	0.24	5角	0.33
10元	0.23	1角	0.37

5　污渍

人民币纸币在流通过程中因受到侵蚀，形成票面局部污渍，有下列情形之一的，为不宜流通人民币：

——印刷区域出现多处污渍，累计污渍面积大于150mm^2，或单个污渍面积大于100mm^{2}的；

——非印刷区域出现多处污渍，累计污渍面积大于60mm^2，或单个污渍面积大于50mm^{2}的；

——污渍面积虽未超过规定标准，但遮盖重要防伪特征之一，影响防伪功能的。

6　脱墨

人民币纸币票面出现部分或全部褪色，有下列情形之一的，为不宜流通人民币：

——票面出现一处脱墨，脱墨面积大于100mm^{2}的；

——票面出现多处脱墨，累计脱墨面积大于80mm^{2}的；

——票面脱墨面积虽未超过以上标准，但重要防伪特征之一脱墨严重，影响防伪功能的。

7　缺失

人民币纸币票面缺损，有下列情形之一的，为不宜流通人民币：

——票面（不含4个角及安全线）缺失，单处缺失面积大于10mm^2，或票面多处缺失，累计缺失面积大于12mm^{2}的（缺失面积大于2mm^{2}起计入累计量）；

——票面单个缺角，其缺角面积大于20mm^2，或票面多个缺角，缺角面积累计大于30mm^{2}的；

——票面安全线缺失10mm^{2}以上，或其他重要防伪特征之一缺失，影响防伪功能的。

8 粘贴

人民币纸币票面粘贴有胶带、纸张及其他物质，无法在不损害票面的情况下除去，且有下列情形之一的，为不宜流通人民币：

——票面出现一处粘贴物，粘贴物面积大于100mm^{2}的；

——票面出现多处粘贴物，粘贴物的累计面积大于60mm^{2}的；

——粘贴物面积虽未超过规定标准，但遮盖了重要防伪特征之一，影响防伪功能的。

9 撕裂

人民币纸币票面撕裂，有下列情形之一的，为不宜流通人民币：

——票面出现一处撕裂，撕裂长度大于10mm的；

——票面出现多处撕裂，最短撕裂长度大于3mm，累计撕裂长度大于9mm的。

10 拼接

一张人民币纸币损坏为2部分（含）以上，通过粘贴等方式，按原样连接的，为不宜流通人民币。

11 变形

人民币纸币形状、尺寸发生变化，票幅长边与标准规格相差2%以上，或票幅宽边与标准规格相差4%以上的，为不宜流通人民币。

12 涂写

人民币纸币票面出现人为的文字、图画、符号或其他标记，有下列情形之一的，为不宜流通人民币：

——票面出现一处涂写，其涂写面积大于200mm^{2}的；

——票面出现多处涂写，累计涂写面积大于100mm^{2}的；

——票面涂写面积虽未超过规定标准，但遮盖了重要防伪特征之一，影响防伪功能的。

本标准中涂写面积，按纸币票面出现人为的文字、图画、符号或其他标记的最边缘处连接时所圈围的票面面积计算。

13 皱折

人民币纸币票面出现皱褶、折痕，有下列情形之一的，为不宜流通人民币：

——票面出现4处以上皱褶，褶纹明显、无法恢复原状，累计皱褶长度大于20mm，或票面单个皱褶长度大于10mm的；

——票面出现贯穿纸币的明显折痕，折痕处纸质变软、起毛的。

14 绵软

人民币纸币纸质变软、结构损坏，明显失去挺括度，按照人民银行规定的各面额人民币纸币采样点及检测条件，检测的人民币纸币采样点弯曲挺度值的平均值，若小于等于表1-2规定标准，为不宜流通人民币。

表 1－2　各面额弯曲挺度标准表

面额	弯曲挺度（单位：牛）	面额	弯曲挺度（单位：牛）
100 元	0.05	10 元	0.03
50 元	0.03	5 元	0.03
20 元	0.02	1 元	0.04

15　炭化

人民币纸币因受高温作用，形成票面局部纸张炭化，有下列情形之一的，为不宜流通人民币：

——票面出现一处炭化，其炭化面积大于 $10mm^2$ 的；

——票面出现多处炭化，累计炭化面积大于 $18mm^2$ 的；

——票面炭化面积虽未超过规定标准，但遮盖了重要防伪特征之一，影响防伪功能的。

16　纸币采样点及重要防伪特征

本标准中各面额人民币纸币采样点及重要防伪特征由人民银行另行公布。

◇ 知识链接 7

残缺污损人民币兑换办法

中国人民银行令〔2003〕第 7 号

第一条　为维护人民币信誉，保护国家财产安全和人民币持有人的合法权益，确保人民币正常流通，根据《中华人民共和国中国人民银行法》和《中华人民共和国人民币管理条例》，制定本办法。

第二条　本办法所称残缺、污损人民币是指票面撕裂、损缺，或因自然磨损、侵蚀，外观、质地受损，颜色变化，图案不清晰，防伪特征受损，不宜再继续流通使用的人民币。

第三条　凡办理人民币存取款业务的金融机构（以下简称金融机构）应无偿为公众兑换残缺、污损人民币，不得拒绝兑换。

第四条　残缺、污损人民币兑换分“全额”“半额”两种情况。

（一）能辨别面额，票面剩余四分之三（含四分之三）以上，其图案、文字能按原样连接的残缺、污损人民币，金融机构应向持有人按原面额全额兑换。

（二）能辨别面额，票面剩余二分之一（含二分之一）至四分之三以下，其图案、文字能按原样连接的残缺、污损人民币，金融机构应向持有人按原面额的一半兑换。

纸币呈正十字形缺少四分之一的，按原面额的一半兑换。

第五条　兑付额不足一分的，不予兑换；五分按半额兑换的，兑付二分。

第六条　金融机构在办理残缺、污损人民币兑换业务时，应向残缺、污损人民币持有人说明认定的兑换结果。不予兑换的残缺、污损人民币，应退回原持有人。

第七条　残缺、污损人民币持有人同意金融机构认定结果的，对兑换的残缺、污损人民币纸币，金融机构应当面将带有本行行名的“全额”或“半额”戳记加盖在票面上；对兑换的残缺、污损人民币硬币，金融机构应当面使用专用袋密封保管，并在袋外封签上加盖“兑换”戳记。

第八条　残缺、污损人民币持有人对金融机构认定的兑换结果有异议的，经持有人要求，金融机构应出具认定证明并退回该残缺、污损人民币。

持有人可凭认定证明到中国人民银行分支机构申请鉴定，中国人民银行应自申请日起5个工作日内做出鉴定并出具鉴定书。持有人可持中国人民银行的鉴定书及可兑换的残缺、污损人民币到金融机构进行兑换。

第九条　金融机构应按照中国人民银行的有关规定，将兑换的残缺、污损人民币交存当地中国人民银行分支机构。

第十条　中国人民银行依照本办法对残缺、污损人民币的兑换工作实施监督管理。

第十一条　违反本办法第三条规定的金融机构，由中国人民银行根据《中华人民共和国人民币管理条例》第四十二条规定，依法进行处罚。

第十二条　本办法自2004年2月1日起施行。1955年5月8日中国人民银行发布的《残缺人民币兑换办法》同时废止。

◇ 专业词汇中英文对照

票币兑换　（currency exchange）

任务2-2　票币计算

【案例引入】

柜员陈晨在受理客户的现金存款业务时，客户提交的现金中有大小不同面额的人民币各若干张，请柜员清点现金并计算客户存款金额。

【学习任务】

（一）票币计算的基础知识

票币计算技能是金融技能的重要内容，广泛用于银行柜面、收银、出纳会计现金收付、配款等工作。票币计算技能要求出纳人员先用心算将货币（有价证券）的张、把、捆数换算成金额，然后用珠算或计算器累加。从计算程序来看，它是一种乘加法，是心算加珠算或计算器的一种特殊算法。这项技术的专业术语叫“票币计算”，票币计算就是将不同面额、不同张数的票币进行组合，迅速计算出它们的合计金额。

1. 票币的券别

（1）“1”字类：100元、10元、1元、0.1元

（2）“5”字类：50元、5元、0.5元

（3）“2”字类：20元、2元、0.2元

2. 票币计算的技术要求

它要求心算出各种钞票的张、把、捆数的金额，然后输入计算器或置在算盘上。心算和计算器累加都必须熟练、迅速、准确。

开始接触这项操作技术，心算反应慢，心算结果累加不准是正常的，但是经过练

习，摸索规律，就可熟能生巧。票币计算技术的关键在于心算的技巧。按人民币的券别结构，它有一定的规律可循，从 100 元券到一分币共有 13 种券别，它们分别由 1、2、5 三种数字组成。如，1 字类有 100 元、10 元、1 元、1 角、1 分五种券别；2 字类有 20 元、2 元、2 角、2 分四种券别；5 字类有 50 元、5 元、5 角、5 分四种券别。其中 1 字类只需按面额张、把、捆数置于珠算上对位累加，无须换算；2 字类则对其张、把、捆数做乘 2 或加倍换算后即可在算盘上对位累加；5 字类可用除以 2 换算，然后对位累加即可。

票币计算这项特殊的出纳技能在银行出纳各项业务工作中，特别是在手工操作的条件下，应用范围是十分广泛的。每一名出纳人员都应当学会并熟练地掌握这项技术。

票币计算的要求：一是心算要准、快；二是算盘或计算器上定好位；三是累加动作要简洁、准确；四是记数要对照算盘或计算器上的数字记录，准确无误。

其技术要求是：

（1）看数。“券别明细表”最好放在算盘或计算器下端，离珠算珠子或计算器越近越好，以利看数，严防将“券别明细表”放在算盘或计算器的左边，看数时头部左右摆动。

（2）拨珠或敲数。如果使用算盘，拨珠时右手四指、五指弯曲拿笔，一、二、三指呈鼎立状拨珠，不易带子。

如果使用计算器，击键时用手指尖对准键中心敲击。击键时动作要敏捷、果断，击键后手指要迅速弹起，并迅速回到基准键上。不动的手指应尽量不离开规定的各基准键。

（3）算数。分券别心算金额，在计算器上依次累加。

（4）记数。分节号、小数点严防漏写、点错，合计数字书写清楚。

3. 票币计算试题的结构和操作步骤

在票币计算试卷中，每道题必含 13 种券别及各券别的张数。试题结构如下：

第 1 题

券别	张数
壹佰元	52
伍拾元	85
贰拾元	95
拾元	45
伍元	21
贰元	16
壹元	32
伍角	21
贰角	45
壹角	75
五分	9
贰分	11
壹分	10
合计：	

第 2 题

券别	张数
壹佰元	59
伍拾元	85
贰拾元	76
拾元	43
伍元	10
贰元	13
壹元	24
伍角	35
贰角	68
壹角	77
五分	46
贰分	30
壹分	26
合计：	

第 3 题

券别	张数
壹佰元	88
伍拾元	54
贰拾元	62
拾元	32
伍元	12
贰元	54
壹元	54
伍角	85
贰角	65
壹角	32
五分	14
贰分	99
壹分	90
合计：	

操作步骤：将各币别分别乘以其数量，然后进行累加，求出合计数。

如第一题合计 = 100 × 52 + 50 × 85 + 20 × 95 + 10 × 45 + 5 × 21 + 2 × 16 + 1 × 32 + 0.5 × 21 + 0.2 × 45 + 0.1 × 75 + 0.05 × 9 + 0.02 × 11 + 0.01 × 10 = ?

第一步：心算 100 × 52 = 5200，将 5200 输入计算器，屏幕显示为"5200"；

第二步：心算 50 × 85 = 4250，将 4250 输入计算器，屏幕显示为"9450"；

第三步：心算 20 × 95 = 1900，将 1900 输入计算器，屏幕显示为"11350"；

第四步：心算 10 × 45 = 450，将 450 输入计算器，屏幕显示为"11800"；

第五步：心算 5 × 21 = 105，将 105 输入计算器，屏幕显示为"11905"；

第六步：心算 2 × 16 = 32，将 32 输入计算器，屏幕显示为"11937"；

第七步：心算 1 × 32 = 32，将 32 输入计算器，屏幕显示为"11969"；

第八步：心算 0.5 × 21 = 10.5，将 10.5 输入计算器，屏幕显示为"11979.5"；

第九步：心算 0.2 × 45 = 9，将 9 输入计算器，屏幕显示为"11988.5"；

第十步：心算 0.1 × 75 = 7.5，将 7.5 输入计算器，屏幕显示为"11996"；

第十一步：心算 0.05 × 9 = 0.45，将 0.45 输入计算器，屏幕显示为"11996.45"；

第十二步：心算 0.02 × 11 = 0.22，将 0.22 输入计算器，屏幕显示为"11996.67"；

第十三步：心算 0.01 × 10 = 0.1，将 0.1 输入计算器，屏幕显示为"11996.77"；

第十四步：书写合计"11996.77"。

（二）票币计算的技巧与方法

用心算计算出各种币别乘以其数量的乘积，再将这些乘积输入计算器进行累加，求出合计数。

1. 乘 5 的心算技巧即 50 元、5 元、5 角、5 分票面的心算技巧

（1）定位：50 元的张数超过 20 张（含 20 张），得数应定位在千元位；2 张（含）至 20 张（不含）之间的应定位在百元。

5 元的张数超过 20 张（含 20 张），得数应定位在百元位；2 张（含）至 20 张（不含）之间的应定位在拾元。

5 角的张数超过 20 张（含 20 张），得数应定位在十元位；2 张（含）至 20 张（不含）之间的应定位在元。

5 分的张数超过 20 张（含 20 张），得数应定位在元位；2 张（含）至 20 张（不含）之间的应定位在角。

（2）心算。券别是伍的用张数除以贰，得数的尾数应该是伍或是零。

规律：5 乘偶数，偶数逐位，尾数为偶，末位补 0；

5 乘奇数，奇数减一折半，尾数为奇，末位补 5。

例 1：十位、个位均为偶数的定位练习

68 × 5 = ?

解析：6 折半为 3；8 折半为 4；尾数为偶数，末位补 0，答案为 340。

试一试：68 × 0.5 = ?　68 × 0.05 = ?　68 × 50 = ?

例 2：十位为偶数，个位为奇数的定位练习

23 × 5 = ?

2 折半为 1；3 为奇数，3 减 1 再折半为 1；尾数为奇数，末位补 5，答案为 115。

例3：十位、个位均为奇数的定位练习

57 ×5 = ?

解析：5减1为4，4折半为2；5减去的1与次位7组成17，17减1为16，16再折半为8；尾数为奇数，末位补5，答案为285。

例4：十位为偶数，个位为奇数的定位练习

87 ×5 = ?

解析：8折半为4；7减1再折半为3；尾数为奇数，末位补5，答案是435。

2. 乘2的心算技巧即20元、2元、2角、2分票面的心算技巧

（1）定位。面值20元的钞票张数超过50张（含50张），得数应定位在千元位；5张（含）至50张（不含）之间的应定位在百元；5张（不含）以下的应定位在拾元。

面值2元的钞票张数超过50张（含50张），得数应定位在百元位；5张（含）至50张（不含）之间的应定位在拾元；5张（不含）以下的应定位在元。

面值2角的钞票张数超过50张（含50张），得数应定位在拾元位；5张（含）至50张（不含）之间的应定位在元位。5张（不含）以下的应定位在角。

面值2分的钞票张数超过50张（含50张），得数应定位在元位。5张（含）至50张（不含）之间的应定位在角。5张（不含）以下的应定位在分。

（2）心算方法。券别是2的用张数乘以2，得数的尾数应是双数或是零。

规律：2乘任何数，从高位算起，将该数的每一位数加倍，同时还要看下一位数，下一位数≥5，则提前进位。

例1：48 ×2 = ?

解析：4加倍为8，看下一位8（≥5），所以前进一，所以得数应该是9；8加倍为16，十位已经提前进位了，所以只剩下个位数6，结果为96。

例2：72 ×20 = ?

解析：7加倍为14，看下一位2（≤5），无须进位，2加倍为4，合起来为144，由于乘数为两位整数，所以末尾再补0，因此计算结果为1440。

例3：26 ×0.02 = ?

解析：2加倍为4，看下一位6（≥5），所以前进一，所以得数应该是5；6加倍为12，十位已经提前进位了，所以只剩下个位数2，合起来为52；由于乘数为两位小数，所以应将小数点向前移两位，计算结果为0.52。

3. 乘以1的心算技巧即100元、10元、1元、1角、1分票面的心算技巧

（1）定位。面值100元的钞票张数超过10张（含10张），得数应定位在千元位；10张（不含）以下的应定位在百元。

面值10元的钞票张数超过10张（含10张），得数应定位在百元；10张（不含）以下的应定位在拾元。

面值1元的钞票张数超过10张（含10张），得数应定位在拾元位；10张（不含）以下的应定位在元。

面值1角的钞票张数超过10张（含10张），得数应定位在元位；10张（不含）以下的应定位在角。

面值1分的钞票张数超过10张（含10张），得数应定位在角位。10张（不含）以

下的应定位在分。

（2）心算。面额乘以张数。

规律：1 乘以任何数等于该数本身，但要注意小数点的定位。例如：0.1 乘以一个两位数时，先用 1 乘以两位数，然后将计算结果的小数点（从个位末）向前移动一位即可。

例如：$0.1\times15=1.5$

第一步：计算 $1\times15=15$

第二步：定位小数点，将计算结果的小数点向前移动一位，答案为 1.5。

【任务小结】

本任务重点介绍了“5”字类、“2”字类、“1”字类不同面额组合的票币计算方法与技巧，其在实际现金收付工作中的应用十分广泛，需要学生灵活掌握并能熟练应用。

【考核】

课后训练：

1. 请计算下列票币组合金额

第 1 题

券别	张数
壹佰元	62
伍拾元	86
贰拾元	45
拾元	56
伍元	21
壹元	32
伍角	21
壹角	76
合计：	

第 2 题

券别	张数
壹佰元	68
伍拾元	86
贰拾元	79
拾元	53
伍元	10
壹元	25
伍角	36
壹角	77
合计：	

第 3 题

券别	张数
壹佰元	88
伍拾元	65
贰拾元	92
拾元	32
伍元	12
壹元	65
伍角	86
壹角	32
合计：	

第 4 题

券别	张数
壹佰元	99
伍拾元	27
贰拾元	90
拾元	60
伍元	20
壹元	38
伍角	28
壹角	89
合计：	

第 5 题

券别	张数
壹佰元	73
伍拾元	99
贰拾元	58
拾元	62
伍元	65
壹元	98
伍角	55
壹角	80
合计：	

第 6 题

券别	张数
壹佰元	16
伍拾元	92
贰拾元	26
拾元	86
伍元	35
壹元	76
伍角	96
壹角	21
合计：	

第 7 题

券别	张数
壹佰元	62
伍拾元	96
贰拾元	35
拾元	85
伍元	86
壹元	31
伍角	20
壹角	30
合计：	

第 8 题

券别	张数
壹佰元	88
伍拾元	69
贰拾元	23
拾元	15
伍元	56
壹元	17
伍角	18
壹角	86
合计：	

第 9 题

券别	张数
壹佰元	15
伍拾元	16
贰拾元	18
拾元	85
伍元	89
壹元	28
伍角	38
壹角	98
合计：	

第 10 题

券别	张数
壹佰元	60
伍拾元	22
贰拾元	23
拾元	65
伍元	96
壹元	65
伍角	87
壹角	65
合计：	

第 11 题

券别	张数
壹佰元	97
伍拾元	86
贰拾元	35
拾元	32
伍元	61
壹元	86
伍角	98
壹角	91
合计：	

第 12 题

券别	张数
壹佰元	88
伍拾元	87
贰拾元	69
拾元	75
伍元	86
壹元	81
伍角	82
壹角	86
合计：	

第 13 题

券别	张数
壹佰元	58
伍拾元	68
贰拾元	76
拾元	89
伍元	81
壹元	53
伍角	28
壹角	21
合计：	

第 14 题

券别	张数
壹佰元	36
伍拾元	59
贰拾元	78
拾元	38
伍元	80
壹元	95
伍角	37
壹角	76
合计：	

第 15 题

券别	张数
壹佰元	98
伍拾元	30
贰拾元	93
拾元	23
伍元	95
壹元	58
伍角	18
壹角	33
合计：	

第 16 题

券别	张数
壹佰元	88
伍拾元	58
贰拾元	79
拾元	62
伍元	21
壹元	91
伍角	86
壹角	98
合计：	

第 17 题

券别	张数
壹佰元	28
伍拾元	28
贰拾元	29
拾元	25
伍元	39
壹元	68
伍角	89
壹角	35
合计：	

第 18 题

券别	张数
壹佰元	61
伍拾元	65
贰拾元	91
拾元	93
伍元	97
壹元	86
伍角	29
壹角	6
合计：	

第 19 题

券别	张数
壹佰元	25
伍拾元	56
贰拾元	78
拾元	68
伍元	59
壹元	78
伍角	88
壹角	67
合计：	

第 20 题

券别	张数
壹佰元	53
伍拾元	81
贰拾元	82
拾元	67
伍元	71
壹元	58
伍角	81
壹角	71
合计：	

第 21 题

券别	张数
壹佰元	98
伍拾元	12
贰拾元	35
拾元	38
伍元	26
壹元	82
伍角	69
壹角	35
合计：	

第 22 题

券别	张数
壹佰元	52
伍拾元	26
贰拾元	81
拾元	68
伍元	83
壹元	85
伍角	92
壹角	29
合计：	

第 23 题

券别	张数
壹佰元	61
伍拾元	72
贰拾元	28
拾元	86
伍元	95
壹元	13
伍角	28
壹角	76
合计：	

第 24 题

券别	张数
壹佰元	69
伍拾元	28
贰拾元	65
拾元	78
伍元	61
壹元	88
伍角	37
壹角	16
合计：	

第 25 题

券别	张数
壹佰元	26
伍拾元	78
贰拾元	68
拾元	93
伍元	85
壹元	17
伍角	59
壹角	62
合计：	

第 26 题

券别	张数
壹佰元	95
伍拾元	75
贰拾元	18
拾元	59
伍元	76
壹元	68
伍角	87
壹角	28
合计：	

第 27 题

券别	张数
壹佰元	67
伍拾元	92
贰拾元	27
拾元	91
伍元	89
壹元	62
伍角	83
壹角	85
合计：	

第 28 题

券别	张数
壹佰元	98
伍拾元	30
贰拾元	29
拾元	21
伍元	91
壹元	62
伍角	36
壹角	69
合计：	

第 29 题

券别	张数
壹佰元	53
伍拾元	36
贰拾元	71
拾元	38
伍元	23
壹元	85
伍角	15
壹角	89
合计：	

第 30 题

券别	张数
壹佰元	85
伍拾元	20
贰拾元	81
拾元	57
伍元	27
壹元	75
伍角	62
壹角	81
合计：	

第 31 题

券别	张数
壹佰元	85
伍拾元	78
贰拾元	21
拾元	63
伍元	15
壹元	26
伍角	51
壹角	12
合计：	

第 32 题

券别	张数
壹佰元	92
伍拾元	75
贰拾元	83
拾元	76
伍元	51
壹元	82
伍角	38
壹角	51
合计：	

第 33 题

券别	张数
壹佰元	68
伍拾元	97
贰拾元	82
拾元	80
伍元	18
壹元	52
伍角	67
壹角	38
合计：	

第 34 题

券别	张数
壹佰元	89
伍拾元	31
贰拾元	69
拾元	32
伍元	18
壹元	25
伍角	80
壹角	18
合计：	

第 35 题

券别	张数
壹佰元	71
伍拾元	93
贰拾元	79
拾元	20
伍元	85
壹元	90
伍角	13
壹角	18
合计：	

第 36 题

券别	张数
壹佰元	69
伍拾元	23
贰拾元	91
拾元	86
伍元	85
壹元	51
伍角	79
壹角	78
合计：	

第 37 题

券别	张数
壹佰元	25
伍拾元	56
贰拾元	78
拾元	18
伍元	59
壹元	78
伍角	88
壹角	61
合计：	

第 38 题

券别	张数
壹佰元	53
伍拾元	81
贰拾元	82
拾元	57
伍元	86
壹元	37
伍角	18
壹角	71
合计：	

第 39 题

券别	张数
壹佰元	98
伍拾元	12
贰拾元	35
拾元	38
伍元	26
壹元	82
伍角	69
壹角	35
合计：	

第 40 题

券别	张数
壹佰元	35
伍拾元	92
贰拾元	27
拾元	51
伍元	89
壹元	62
伍角	83
壹角	85
合计：	

第 41 题

券别	张数
壹佰元	85
伍拾元	78
贰拾元	21
拾元	68
伍元	15
壹元	26
伍角	51
壹角	12
合计：	

第 42 题

券别	张数
壹佰元	25
伍拾元	75
贰拾元	63
拾元	76
伍元	51
壹元	82
伍角	13
壹角	51
合计：	

第 43 题

券别	张数
壹佰元	62
伍拾元	86
贰拾元	86
拾元	56
伍元	21
壹元	32
伍角	93
壹角	76
合计：	

第 44 题

券别	张数
壹佰元	62
伍拾元	86
贰拾元	79
拾元	53
伍元	10
壹元	25
伍角	36
壹角	77
合计：	

第 45 题

券别	张数
壹佰元	78
伍拾元	57
贰拾元	92
拾元	32
伍元	12
壹元	65
伍角	86
壹角	86
合计：	

第 46 题

券别	张数
壹佰元	52
伍拾元	36
贰拾元	81
拾元	68
伍元	83
壹元	85
伍角	52
壹角	67
合计：	

第 47 题

券别	张数
壹佰元	61
伍拾元	72
贰拾元	28
拾元	86
伍元	95
壹元	13
伍角	28
壹角	52
合计：	

第 48 题

券别	张数
壹佰元	69
伍拾元	28
贰拾元	65
拾元	78
伍元	61
壹元	88
伍角	37
壹角	16
合计：	

第 49 题

券别	张数
壹佰元	56
伍拾元	27
贰拾元	81
拾元	57
伍元	38
壹元	75
伍角	62
壹角	81
合计：	

第 50 题

券别	张数
壹佰元	89
伍拾元	33
贰拾元	69
拾元	22
伍元	18
壹元	25
伍角	71
壹角	18
合计：	

第 51 题

券别	张数
壹佰元	58
伍拾元	76
贰拾元	97
拾元	20
伍元	85
壹元	37
伍角	13
壹角	19
合计：	

第 52 题

券别	张数
壹佰元	31
伍拾元	16
贰拾元	27
拾元	85
伍元	89
壹元	59
伍角	38
壹角	82
合计：	

第 53 题

券别	张数
壹佰元	58
伍拾元	39
贰拾元	83
拾元	89
伍元	71
壹元	63
伍角	28
壹角	21
合计：	

第 54 题

券别	张数
壹佰元	62
伍拾元	59
贰拾元	78
拾元	23
伍元	83
壹元	95
伍角	37
壹角	76
合计：	

第 55 题

券别	张数
壹佰元	99
伍拾元	27
贰拾元	93
拾元	67
伍元	82
壹元	38
伍角	16
壹角	52
合计：	

第 56 题

券别	张数
壹佰元	83
伍拾元	79
贰拾元	58
拾元	62
伍元	65
壹元	32
伍角	86
壹角	26
合计：	

第 57 题

券别	张数
壹佰元	16
伍拾元	92
贰拾元	26
拾元	86
伍元	35
壹元	76
伍角	56
壹角	65
合计：	

第 58 题

券别	张数
壹佰元	63
伍拾元	87
贰拾元	28
拾元	56
伍元	86
壹元	36
伍角	82
壹角	11
合计：	

第 59 题

券别	张数
壹佰元	88
伍拾元	58
贰拾元	79
拾元	62
伍元	21
壹元	22
伍角	86
壹角	98
合计：	

第 60 题

券别	张数
壹佰元	28
伍拾元	55
贰拾元	79
拾元	25
伍元	19
壹元	68
伍角	89
壹角	35
合计：	

第 61 题

券别	张数
壹佰元	62
伍拾元	21
贰拾元	93
拾元	17
伍元	37
壹元	87
伍角	88
壹角	58
合计：	

第 62 题

券别	张数
壹佰元	86
伍拾元	86
贰拾元	79
拾元	62
伍元	18
壹元	98
伍角	27
壹角	62
合计：	

第 63 题

券别	张数
壹佰元	38
伍拾元	28
贰拾元	86
拾元	86
伍元	89
壹元	31
伍角	19
壹角	32
合计：	

第 64 题

券别	张数
壹佰元	68
伍拾元	89
贰拾元	72
拾元	58
伍元	28
壹元	30
伍角	65
壹角	95
合计：	

第 65 题

券别	张数
壹佰元	17
伍拾元	21
贰拾元	56
拾元	89
伍元	68
壹元	25
伍角	73
壹角	28
合计：	

第 66 题

券别	张数
壹佰元	78
伍拾元	36
贰拾元	89
拾元	65
伍元	32
壹元	87
伍角	18
壹角	68
合计：	

第 67 题

券别	张数
壹佰元	78
伍拾元	86
贰拾元	6
拾元	35
伍元	53
壹元	90
伍角	19
壹角	68
合计：	

第 68 题

券别	张数
壹佰元	88
伍拾元	69
贰拾元	58
拾元	32
伍元	58
壹元	88
伍角	65
壹角	88
合计：	

第 69 题

券别	张数
壹佰元	68
伍拾元	95
贰拾元	5
拾元	90
伍元	21
壹元	97
伍角	58
壹角	36
合计：	

第 70 题

券别	张数
壹佰元	88
伍拾元	58
贰拾元	69
拾元	23
伍元	16
壹元	56
伍角	87
壹角	35
合计：	

第 71 题

券别	张数
壹佰元	66
伍拾元	29
贰拾元	83
拾元	63
伍元	59
壹元	65
伍角	21
壹角	12
合计：	

第 72 题

券别	张数
壹佰元	59
伍拾元	77
贰拾元	57
拾元	39
伍元	27
壹元	83
伍角	20
壹角	23
合计：	

第 73 题

券别	张数
壹佰元	21
伍拾元	36
贰拾元	98
拾元	76
伍元	56
壹元	86
伍角	61
壹角	88
合计：	

第 74 题

券别	张数
壹佰元	69
伍拾元	68
贰拾元	31
拾元	59
伍元	56
壹元	33
伍角	28
壹角	18
合计：	

第 75 题

券别	张数
壹佰元	38
伍拾元	28
贰拾元	86
拾元	57
伍元	89
壹元	29
伍角	79
壹角	16
合计：	

第 76 题

券别	张数
壹佰元	59
伍拾元	19
贰拾元	58
拾元	88
伍元	60
壹元	75
伍角	83
壹角	86
合计：	

第 77 题

券别	张数
壹佰元	76
伍拾元	86
贰拾元	68
拾元	58
伍元	33
壹元	25
伍角	26
壹角	13
合计：	

第 78 题

券别	张数
壹佰元	98
伍拾元	31
贰拾元	93
拾元	26
伍元	59
壹元	53
伍角	21
壹角	98
合计：	

第 79 题

券别	张数
壹佰元	98
伍拾元	38
贰拾元	59
拾元	16
伍元	66
壹元	18
伍角	27
壹角	33
合计：	

第 80 题

券别	张数
壹佰元	68
伍拾元	26
贰拾元	57
拾元	37
伍元	16
壹元	81
伍角	65
壹角	59
合计：	

第 81 题

券别	张数
壹佰元	53
伍拾元	81
贰拾元	28
拾元	83
伍元	37
壹元	73
伍角	39
壹角	62
合计：	

第 82 题

券别	张数
壹佰元	68
伍拾元	99
贰拾元	18
拾元	68
伍元	91
壹元	13
伍角	27
壹角	81
合计：	

第 83 题

券别	张数
壹佰元	38
伍拾元	65
贰拾元	89
拾元	67
伍元	81
壹元	36
伍角	18
壹角	98
合计：	

第 84 题

券别	张数
壹佰元	28
伍拾元	23
贰拾元	16
拾元	66
伍元	68
壹元	83
伍角	58
壹角	18
合计：	

第 85 题

券别	张数
壹佰元	53
伍拾元	39
贰拾元	18
拾元	78
伍元	82
壹元	35
伍角	68
壹角	59
合计：	

第 86 题

券别	张数
壹佰元	89
伍拾元	26
贰拾元	68
拾元	18
伍元	37
壹元	35
伍角	68
壹角	26
合计：	

第 87 题

券别	张数
壹佰元	83
伍拾元	86
贰拾元	96
拾元	26
伍元	78
壹元	31
伍角	28
壹角	35
合计：	

第88题

券别	张数
壹佰元	26
伍拾元	73
贰拾元	28
拾元	19
伍元	99
壹元	95
伍角	27
壹角	26
合计：	

第89题

券别	张数
壹佰元	83
伍拾元	59
贰拾元	39
拾元	92
伍元	58
壹元	12
伍角	18
壹角	96
合计：	

第90题

券别	张数
壹佰元	75
伍拾元	66
贰拾元	62
拾元	96
伍元	28
壹元	83
伍角	55
壹角	39
合计：	

2. 请计算下列票币组合金额

券别	张数	金额
壹佰元	318	
伍拾元	307	
贰拾元	311	
拾元	316	
伍元	313	
贰元	306	
壹元	320	
伍角	309	
合计：		

券别	张数	金额
壹佰元	316	
伍拾元	317	
贰拾元	314	
拾元	305	
伍元	318	
贰元	312	
壹元	301	
伍角	307	
合计：		

券别	张数	金额
壹佰元	320	
伍拾元	319	
贰拾元	318	
拾元	317	
伍元	316	
贰元	315	
壹元	314	
伍角	313	
合计：		

券别	张数	金额
壹佰元	317	
伍拾元	316	
贰拾元	315	
拾元	314	
伍元	313	
贰元	302	
壹元	306	
伍角	309	
合计：		

券别	张数	金额
壹佰元	312	
伍拾元	311	
贰拾元	310	
拾元	309	
伍元	308	
贰元	307	
壹元	306	
伍角	305	
合计：		

券别	张数	金额
壹佰元	301	
伍拾元	300	
贰拾元	302	
拾元	303	
伍元	304	
贰元	319	
壹元	317	
伍角	316	
合计：		

券别	张数	金额
壹佰元	319	
伍拾元	314	
贰拾元	313	
拾元	302	
伍元	306	
贰元	309	
壹元	317	
伍角	304	
合计：		

券别	张数	金额
壹佰元	311	
伍拾元	303	
贰拾元	314	
拾元	319	
伍元	317	
贰元	306	
壹元	305	
伍角	304	
合计：		

券别	张数	金额
壹佰元	312	
伍拾元	315	
贰拾元	307	
拾元	316	
伍元	317	
贰元	306	
壹元	314	
伍角	307	
合计：		

券别	张数	金额
壹佰元	315	
伍拾元	311	
贰拾元	316	
拾元	313	
伍元	306	
贰元	320	
壹元	309	
伍角	317	
合计：		

券别	张数	金额
壹佰元	306	
伍拾元	305	
贰拾元	304	
拾元	319	
伍元	314	
贰元	313	
壹元	302	
伍角	306	
合计：		

券别	张数	金额
壹佰元	315	
伍拾元	314	
贰拾元	305	
拾元	318	
伍元	312	
贰元	301	
壹元	307	
伍角	314	
合计：		

券别	张数	金额
壹佰元	303	
伍拾元	316	
贰拾元	318	
拾元	307	
伍元	311	
贰元	316	
壹元	305	
伍角	318	
合计：		

券别	张数	金额
壹佰元	304	
伍拾元	319	
贰拾元	314	
拾元	313	
伍元	312	
贰元	315	
壹元	307	
伍角	316	
合计：		

券别	张数	金额
壹佰元	310	
伍拾元	309	
贰拾元	308	
拾元	307	
伍元	306	
贰元	305	
壹元	319	
伍角	315	
合计：		

券别	张数	金额
壹佰元	307	
伍拾元	312	
贰拾元	314	
拾元	313	
伍元	302	
贰元	306	
壹元	312	
伍角	311	
合计：		

【拓展】

◇ 知识链接 8

票币计算在点钞考核中的应用

点钞的考核既可以采用人工评定的方法，也可以运用软件来完成，近几年很多的银行业大赛和大学生技能大赛中都用到了软件考核的方法。

在运用软件考核点钞时，学生需要在规定的时间内将给定数量的不同面额钞券数量清点准确，并计算金额，然后输入考核系统（考核系统界面参考如下图），由预先设置好的系统后台自动评分。要求学生将清点完的钞券每百张扎成一把并盖章，不足百张不用扎把。扎把或盖章不符合规范的，由考核老师在系统得分基础上进行人工扣分。

票币计算在此时就显得十分重要，如果学生只能够正确清点数量，而不能熟练准确地计算出相应的金额，那么必定会失去相应的分数。

ICBC 中国工商银行　现金存款凭条

日期：××××年 12月19日

存款人	全称	深圳市XX信息技术有限公司		
	账号	6226 0859 0625 4582	款项来源	还款
	开户行	中国工商银行XX支行	交款人	李

金额（大写）	金额（小写）	亿	千	百	十	万	千	百	十	元	角	分

票面	张数	十	万	千	百	十	元	票面	张数	千	百	十	元	角	分
壹佰元								伍角							
伍拾元								贰角							
贰拾元								壹角							
拾元								伍分							
伍元								贰分							
贰元								壹分							
壹元								其他							

第一联银行核对联

◇ 知识链接 9

利用计算器上的 M＋ MR MC GT 等功能键计算币值

1. 功能键使用说明

（1）单击 MR 可将存储区中的数调出到显示栏中，储存区中数值不变，现在按一下“全部清空”按钮，清除显示栏中的数据，再单击“MR”钮，刚才储存的数据就又显示出来了。

（2）单击M+将当前显示的数与存储区中的数相加，结果存入存储器。单击M+，再单击MR，你可以看到正确的答案数值已经显示出来了。

（3）单击MC用于清除存储区中的数值。这时我们单击MC，小灰框中的M标记没有了，再单击MR，显示栏中还是0，刚才的结果不再出现，原因就是MC操作将它清除了。

（4）单击GT显示总数之和，按了等号后得到的全部数字被累计，再按一次就清空。

2. 计算方法

（1）用M+键的方法

利用计算器上的功能键计算票币币值，每个单项算完了就单击M+，最后单击MR可以看到总和数。

例如：壹佰元52张；伍拾元85张；贰拾元95张；拾元45张；伍元21张；贰元16张；壹元32张；伍角21张；贰角45张；壹角75张；伍分9张；贰分11张；壹分10张。

计算过程：52×100 M+85×50 M+95×20 M+45×10 M+21×5M+16×2 M+32×1 M+21×0.5M+45×0.2 M+75×0.1 M+9×0.05 M+11×0.02M+10×0.01 M+，然后再单击MR，得出总和。计算时应注意，单项计算完单击M+，M+是记忆键，每按一次记忆一次；计算到最后一项时也要单击M+键后再按MR键，否则最后一项的数值不会被记忆。

（2）用GT键的方法

第一步：计算52×100=85×50=95×20=45×10=21×5=16×2 =32×1=21×0.5=45×0.2=75×0.1=9×0.05=11×0.02=10×0.01

第二步：按GT键，求出合计数。

子项目三　假币识别

能力目标：

1. 能够熟练完成人民币的假币识别与收缴工作。
2. 能够对常见外币进行真伪鉴别。

知识目标：

1. 熟悉人民币管理和收缴规定。
2. 掌握人民币票面设计与防伪特征。
3. 了解美元的票面设计与防伪特征。

素质目标：

锻炼沟通能力和应变能力，在办理假币收缴业务的过程中，如果客户发生情绪过激情况，要沉着冷静，运用专业知识、语言技巧耐心与客户沟通，安抚客户，解决矛盾。

任务3-1　人民币防伪特征分析

【案例引入】

2015年版第五套人民币发行后，某银行网点组织员工利用休息时间到附近社区进行金融知识科普活动，向公众介绍现行流通人民币的防伪特征。

【学习任务】

（一）人民币防伪技术

1. 纸币防伪技术。纸币的防伪措施体现在纸张、油墨和印刷技术等几个方面。

（1）纸张防伪技术。在传统的纸币中，各国都有自己的纸张配方，在纸张中加入某种物质或元素，使之成为难以仿制的印钞专用纸张。货币专用纸张的主要原材料是棉纤维和高质量的木浆，而且未添加任何增白剂，因而钞票纸本身没有荧光反应。同时，在专用钞票纸的制造过程中，还专门采用了以下防伪技术。

①水印。水印是在生产过程中通过改变纸浆纤维密度的方法制成的。它在造纸过程中已制作定型，而不是后压印上去或印在钞票表面的。因此，水印图案都有较强的立体感、层次感和真实感。钞纸水印按其在票面位置分布分为固定水印和满版水印；按其透光性分为多层次水印和白水印。水印图案可以是人物、动物、建筑、风景、花草及数字、字母等，在货币防伪方面有它独特的作用。世界各国的钞票几乎都使用了这种技术。

②安全线。安全线就是在造纸过程中采用特殊技术在纸张中嵌入的一条比较薄的金属线或塑料线。近年来，许多国家还在安全线上加进了很多防伪技术，如在安全线上印上缩微文字；在安全线上加上磁性和全息特征；采用荧光安全线，这种安全线在紫外线的照射下，能发出明亮的荧光；开窗安全线，这种安全线一部分埋在纸里，另一部分裸露在纸面上。安全线是一种普遍应用的防伪技术。

③彩色纤维和无色荧光纤维。彩色纤维是预先将一些特殊纤维染上红色、蓝色或其他颜色，在造纸过程中将这些纤维按其一定比例加到纸张中，有的是均匀地加到纸张中，有的是加在纸张固定的位置。而无色荧光纤维只有在紫外灯下才能看见，在普通光下是看不见的。如第五套人民币各面额纸币均采用了这两项防伪技术。

④彩色的圆点和荧光圆点。在造纸过程中，加上一些很小的彩色的塑料圆片，这些彩色的能发荧光的圆点，一般较薄、较小，基本看不出来，但是在一定条件下仔细观察便可以看到。

（2）油墨防伪技术。油墨是印制钞票最重要的成分之一，具有防伪性能的油墨一般称为安全油墨或防伪油墨。常用的防伪油墨有以下几种。

①有色荧光油墨。这种油墨在普通光线下看是钞票油墨的本来颜色，但在紫外光照射下会发出各种特殊的荧光。有色荧光油墨一般应采用在钞票某一固定的位置或某种花纹图案上。

②无色荧光油墨。这种油墨的印刷图案在普通光下是看不见的，只有在紫外光下，

才可以看见明亮的荧光。

③磁性油墨。磁性油墨的应用历史较为悠久，但大多是作为一项定性指标。现代钞票多将磁性油墨作为一项定性检测指标用于机读，同时也增加了伪造难度。

④光变油墨。光变油墨采用了一种特殊的光可变材料，印成图案后，随着观察角度的不同，图案的颜色会出现变化，由一种颜色变为另一种颜色。

⑤防复印油墨。用彩色复印机复制钞票时，这种油墨印刷的图案会发生颜色变化，致使复印出来的色调与原来票面上的色调完全不同。

⑥红外光油墨。红外光油墨印刷图案在普通光下，能看出来有颜色，但用红外光仪器观察时则没有颜色。

⑦珠光油墨。珠光油墨印刷图案随观察角度的不同会出现明亮的金属光泽或彩虹效果。

（3）印刷防伪技术

①手工雕刻凹版。雕刻凹版印刷纸币是一直沿用至今的主要印刷防伪技术，特别是手工雕刻凹版，由于每个雕刻师均有自己的刀法、风格，其雕刻线条的深浅、弧度、角度别人很难模仿，就是雕刻师自己也很难做出完全相同的两块版，因此手工雕刻凹版本身就带有极强的防伪性。

②凹版印刷。凹印版的图文低于印版的版面，印出的图案凸显在纸张表面，呈三维状，立体感强，层次分明，用手触摸有凹凸感。这是在钞票印刷中应用历史最长、最普及也是最有效的防伪技术。

③彩虹印刷。图案的主色调或背景由不同的颜色组成，但线条或图像上的不同颜色呈连续性逐渐过渡，非常自然，没有明显界限，如彩虹各种颜色的自然过渡一样。

④对印。一般是采用正背面同时印刷，迎光透视钞票正背面同一部位的局部图案会组成一个完整的图案，且对接无错位现象。如我国第五套人民币100元、50元、10元券正面左下角的古钱币图案就是采用了这项技术。

⑤接线印刷。票面花纹的同一线条由两种以上颜色组成，但色与色之间无漏白和叠合的现象。此项技术最初仅用于胶印，后来由我国首创在凹印上成功应用了该项技术。

⑥缩微文字印刷。采用特殊的制版工艺将文字缩小到肉眼几乎看不到的程度，印到钞票上需要借助放大镜方能观察到。该项技术在我国第五套人民币、美元、欧元、日元、港元等均有应用。

⑦隐性图案。利用线条深浅、角度的变化制作印版，印出的图案，粗看是一种图形，转换适当的角度会看到该图案还隐藏着另外一种或多种图案。

⑧激光全息图形。把从激光器射出的相关性很好的激光分成波长相同的两束，一束照到被摄物体上反射出来，叫作物光；另一束经平面镜反射后成为参考光，以一定的角度射向底片，并在那里与物光相遇而发生干涉。底片上记录下来的明暗干涉条纹，就得到被摄物体光波强度和相位的全息照片。全息照片再用原来参考光束照射，因光的衍射效应，能使原来的物体光束还原，所以透过全息照片可看到一个逼真的被摄物体的立体图像，而且图像线条非常精细并带有随机性，所以很难仿制。

2. 硬币的防伪技术。硬币的防伪措施主要体现在硬币的材质、形状和铸造工艺上。

随着科学技术的迅猛发展，造币的生产过程中应用了许多新的工艺和技术。现代世界铸币材质丰富，形状各异。除了传统的平边、丝齿外，还出现了多边形、异形、圆形中间打孔、间接丝齿、连续斜丝齿、双金属镶嵌、三金属镶嵌、局部镶嵌、边部滚字、边部凹槽滚字、隐形雕刻、丝齿滚字、激光全息、彩色、微粒细点、高浮雕、反喷砂等全新概念的工艺和技术。在造币材料的选用上也突破了以往传统的观念，除了金、银、铜、镍、铝及其合金等传统的造币材料外，从20世纪70年代末80年代初始，出现了三明治式的铜—铁复合、镍—铁复合和钢芯镀铜、钢芯镀镍、锌芯镀铜等包裹材料，不锈钢也应用于制造流通硬币。这些造币新工艺、新技术、新材料的广泛应用，大大地增加了金属硬币的铸造难度，提高了金属硬币的技术含量，增强了金属硬币的防伪性能。

（二）2015年版第五套人民币防伪特征分析

中国人民银行于2015年11月12日起发行了2015年版第五套人民币100元纸币。2015年版第五套人民币100元纸币在保持2005年版第五套人民币100元纸币票面规格、正背面主图案、主色调等不变的前提下，对部分图案做了适当调整，对整体防伪性能进行了提升。2015年版第五套人民币100元纸币发行后，与同面额流通人民币等值流通。2015年版第五套人民币100元券纸币有如图1－36所示的7个常用防伪特征。

图1－36

1. 光变镂空开窗安全线位于票面正面右侧。垂直票面观察呈品红色；与票面成一定角度观察呈绿色，如图1－37所示；透光观察可见正反交替排列的镂空文字“￥100”。

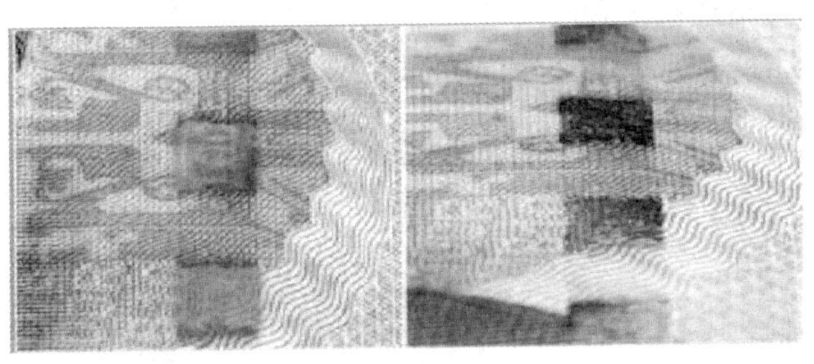

图1－37

2. 光彩光变数字位于票面正面中部。垂直票面观察以金色为主；平视观察以绿色为主，如图1－38所示。随着观察角度的改变，颜色在金色和绿色之间交替变化，并可见到一条亮光带上下滚动。

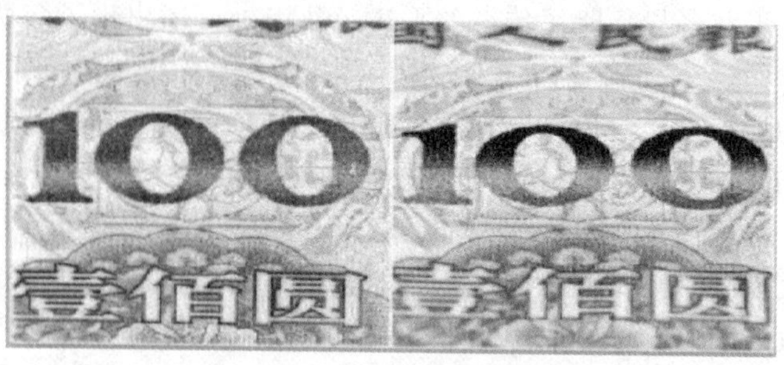

图 1－38

3. 人像水印位于票面正面左侧空白处。透光观察，可见毛泽东头像水印，如图 1－39所示。

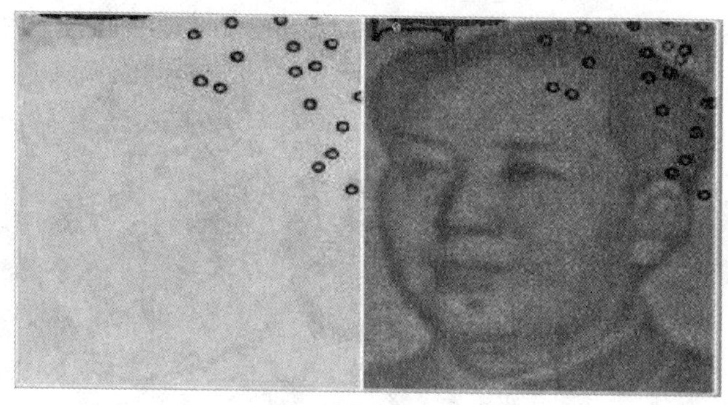

图 1－39

4. 票面正面左下方和背面右下方为胶印对印面额数字“100”的局部图案。透光观察，正背面图案可组成一个完整的面额数字“100”，如图 1－40所示。

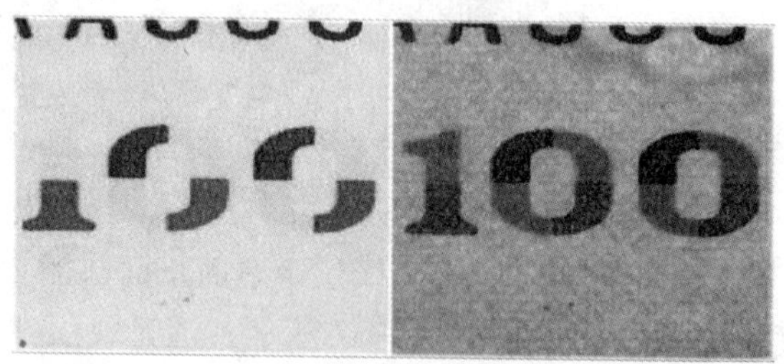

图 1－40

5. 票面正面左下方采用横号码，冠字和前两位数字为暗红色，后六位数字为黑色；票面正面右侧采用竖号码，为蓝色，如图 1－41 所示。

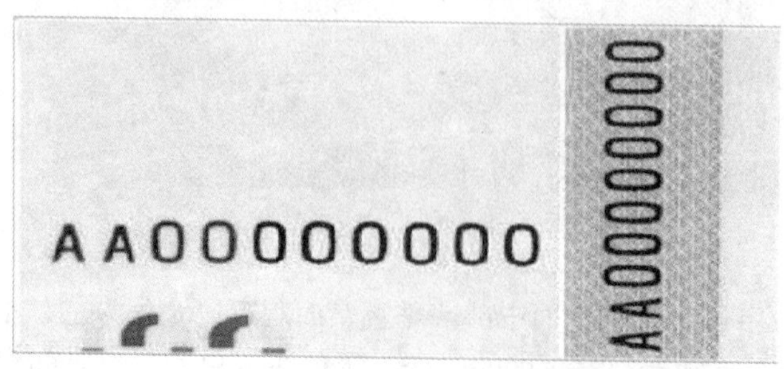

图 1－41

6. 白水印位于票面正面横号码下方。透光观察，可以看到透光性很强的水印面额数字“100”，如图1－42所示。

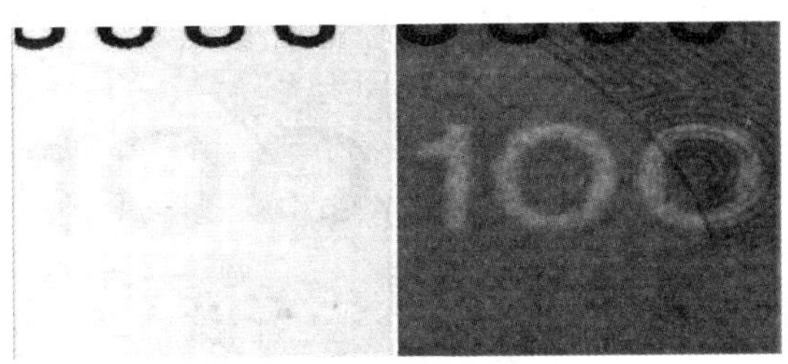

图1－42

7. 票面正面毛泽东头像、国徽、“中国人民银行”行名、右上角面额数字、盲文及背面主景人民大会堂等均采用雕刻凹印印刷，如图1－43所示，用手指触摸有明显的凹凸感。

图1－43

（三）2005年版第五套人民币防伪特征分析

为提高第五套人民币的印刷工艺和防伪技术水平，经国务院批准，中国人民银行于2005年8月31日发行了第五套人民币2005年版100元、50元、20元、10元、5元纸币和不锈钢材质1角硬币。

2005年版第五套人民币100元、50元、20元、10元、5元纸币规格、主景图案、主色调、“中国人民银行”行名和汉语拼音行名、面额数字、花卉图案、国徽、盲文面额标记、民族文字等，均与现行流通的1999年版第五套人民币同面额纸币相同。

2005年版第五套人民币的防伪技术、防伪布局等实现了统一。20元纸币新增加了全息开窗安全线、阴阳互补图案、凹版印刷等技术。2005年版第五套人民币100元、50元、20元、10元、5元纸币正面主景图案右侧增加凹印手感线，背面主景图案下方为面额数字和汉语拼音“YUAN”，年号为“2005年”。100元、50元券调整防伪布局。2005年版第五套人民币100元、50元纸币正面左侧中间处，背面右侧中间处为阴阳互补对印图案；左下角为光变油墨面额数字，其上方为双色异型横号码。2005年版第五套人民币100元、50元、20元纸币正面左下角增加白水印面额数字。另外，在20元纸币正面左下角和背面右下角增加阴阳互补对印图案。在2005年版第五套人民币的水印处增加了“防复印图案”。这是一些特殊排列的圆圈，作用是防止纸币被复印或打印。很多彩色复印机、扫描仪、打印机和图像处理软件都有识别此特殊图案的功能，发现带此图案的原稿就会拒绝复印或打印。

第五套人民币1角硬币材质由铝合金改为不锈钢，色泽为钢白色。正面为“中国人民银行”“1 角”和汉语拼音字母“YIJIAO”及年号，背面为兰花图案及中国人民银行的汉语拼音字母“ZHONGGUO RENMIN YINHANG”，直径为 19mm。2005 年版第五套人民币发行后，与 1999 年版第五套人民币等值流通。

1. 2005 年版第五套人民币 100 元券纸币的常用防伪特征。2005 年版第五套人民币 100 元纸币规格、主景图案、主色调等票面设计均与现行流通的 1999 年版的第五套人民币 100 元纸币相同，但是调整了部分防伪特征及其布局，如图 1－44 和图 1－45 所示。

图 1－44

图 1－45

（1）固定人像水印：位于正面左侧空白处，迎光透视，可以看到与主景人像相同、立体感很强的毛泽东头像水印。

（2）白水印：位于正面双色异型横号码下方，迎光透视，可以看到透光性很强的面额数字图案水印。

（3）全息磁性开窗安全线：背面中间偏右，有一条全息磁性开窗安全线，开窗部分可以看到由缩微字符“￥100”组成的全息图案，仪器检测有磁性。

（4）手工雕刻头像：正面主景为毛泽东头像，采用手工雕刻凹版印刷工艺，形象逼真、传神，凹凸感强，易于鉴别。

（5）隐形面额数字：正面右上方有一装饰图案，将票面置于与眼睛接近平行的位置，面对光源做上下倾斜晃动，可以看到面额数字“100”字样。

（6）胶印缩微文字：正面上方胶印图案中，多处印有胶印缩微文字“RMB”“RMB100”字样，在放大镜下可清晰看到。

（7）光变油墨面额数字：正面左下方位置的光变油墨面额数字“100”字样，与票面垂直角度观察为绿色，倾斜一定角度则变为蓝色。

（8）胶印对印图案：正面左侧和背面右侧胶印底纹处均有一圆形的局部图案，迎光透视，可以看到正背面的局部图案会精确地重合在一起，组成一个完整的古钱币图案。

（9）雕刻凹版印刷：正面的国徽、“中国人民银行”行名、面额数字及团花、主景图案毛泽东头像、右上角装饰图案、凹印手感线、盲文面额标记及背面的主景图案人民大会堂、汉语拼音“YUAN”“中国人民银行”汉语拼音和民族文字、面额数字、凹印缩微文字、年号、行长章等均采用雕刻凹版印刷。这些地方的油墨高出纸面，用手指触摸有明显的凹凸感。

（10）双色异型横号码：正面印有双色异型横号码（两位冠字，八位号码），左侧部分为红色，右侧部分为黑色，字形由中间向左右两边逐渐变小。仪器检测有磁性。

（11）凹印手感线：正面主景图案右侧，有一组自上而下规则排列的线纹，该线纹采用雕刻凹版印刷工艺印制，用手指触摸，有极强的凹凸感。

（12）无色荧光油墨印刷图案：票面正面行名下方胶印底纹处，在特定波长的紫外光下可以看到黄色的、采用无色荧光油墨印刷的面额数字“100”字样的图案。

（13）有色荧光油墨印刷图案：背面采用有色荧光油墨印刷的浅红色椭圆形胶印图纹，在特定波长的紫外光下显现橘黄色荧光图案。

（14）无色荧光纤维：在特定波长的紫外光下可见纸张中有随机分布的黄色和蓝色荧光纤维。

（15）专用纸张：普通纸张在紫外光下有强烈的荧光反应，钞票专用纸张在紫外灯下观察无荧光反应。

2. 2005 年版第五套人民币 50 元券纸币的防伪特征。2005 年版第五套人民币 50 元券纸币的常用防伪特征如图 1－46 和图 1－47 所示。

图 1－46

图 1－47

3. 2005 年版第五套人民币 20 元券纸币的常用防伪特征。2005 年版第五套人民币 20 元券纸币的常用防伪特征如图 1－48 和图 1－49 所示。

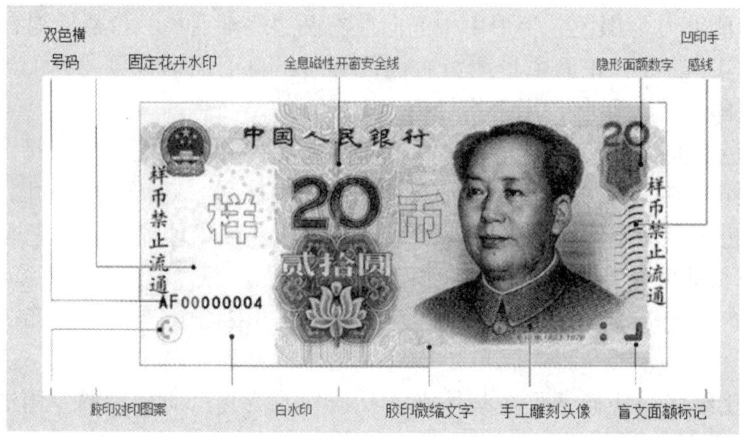

图 1－48

图 1－49

4. 2005 年版第五套人民币 10 元券纸币的常用防伪特征。2005 年版第五套人民币 10 元券纸币的常用防伪特征如图 1－50 和图 1－51 所示。

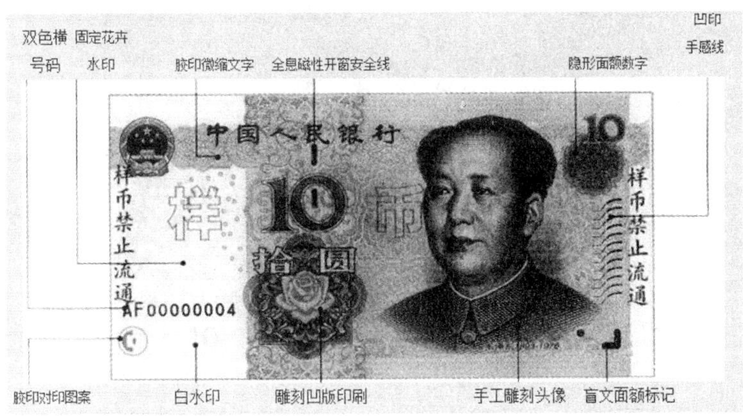

图 1－50

图 1－51

5. 2005 年版第五套人民币 5 元券纸币的常用防伪特征。2005 年版第五套人民币 5 元券纸币的常用防伪特征如图 1－52 和图 1－53 所示。

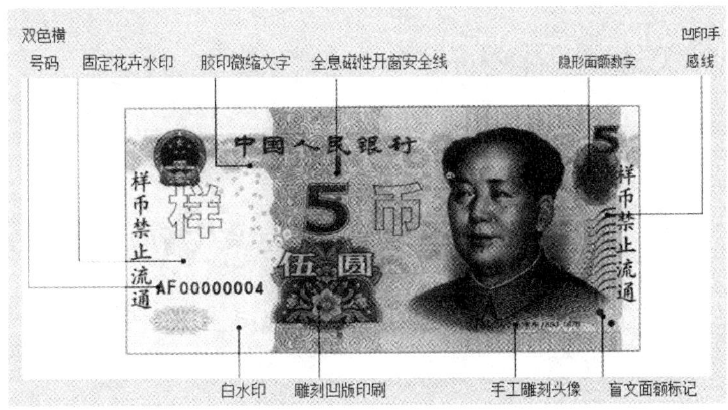

图 1－52

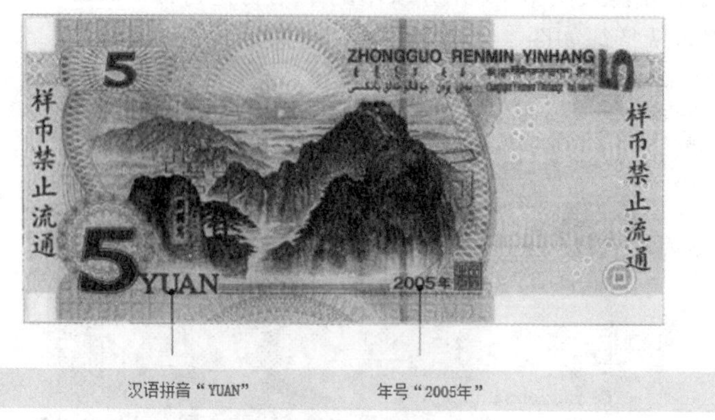

图 1-53

（四）1999 年版第五套人民币防伪特征分析

1. 1999 年版第五套人民币 100 元券纸币的防伪特征。1999 年版第五套人民币 100 元券纸币主色调为红色，票幅长 155mm、宽 77mm。正面主景为毛泽东头像，左侧为椭圆形花卉图案，票面左上方为中华人民共和国“国徽”图案，右下方为盲文面额标记。背面主景为“人民大会堂”图案，左侧为人民大会堂内圆柱图案，票面右上方为“中国人民银行”汉语拼音字母和蒙、藏、维、壮四种民族文字的“中国人民银行”字样和面额。如图 1-54 和图 1-55 所示，其常用防伪特征如下。

图 1-54

图 1-55

（1）固定人像水印：位于正面左侧空白处，迎光透视，可以看到与主景人像相同、立体感很强的毛泽东头像水印。

（2）红、蓝彩色纤维：在票面上，可以看到纸张中有不规则分布的红色和蓝色纤维。

（3）磁性缩微文字安全线：钞票纸中的安全线，迎光透视，可以看到缩微文字“RMB100”字样。仪器检测有磁性。

（4）手工雕刻头像：正面主景为毛泽东头像，采用手工雕刻凹版印刷工艺，形象逼真、传神，凹凸感强，易于鉴别。

（5）隐形面额数字：正面右上方有一装饰图案，将钞票置于与眼睛接近平行的位置，面对光源作平面旋转45°或90°角，即可看到面额数字“100”字样。

（6）胶印缩微文字：正面上方图案中，多处印有胶印缩微文字“RMB100”“RMB”字样，在放大镜下可清晰看到。

（7）光变油墨面额数字：正面左下方位置的光变油墨面额数字“100”字样，与票面垂直角度观察为绿色，倾斜一定角度则变为蓝色。

（8）阴阳互补对印图案：正面左下角和背面右下角均有一圆形的局部图案，迎光透视，可以看到正背面的局部图案会精确地重合在一起，组成一个完整的古钱币图案。

（9）雕刻凹版印刷：正面的国徽、“中国人民银行”行名、面额数字及团花、主景图案毛泽东头像、右上角装饰图案、盲文面额标记及背面的主景图案人民大会堂、“中国人民银行”汉语拼音和民族文字、面额数字、凹印缩微文字、年号、行长章等均采用雕刻凹版印刷。这些地方的油墨高出纸面，用手指触摸有明显的凹凸感。

（10）横竖双号码：正面采用横竖双号码印刷（两位冠字，八位号码），横号码为黑色，竖号码为蓝色。横号码有磁性。

（11）五色荧光油墨印刷图案：票面正面行名下方胶印底纹处，在特定波长的紫外光下可以看到黄色的、采用五色荧光油墨印刷的面额数字“100”字样的图案。

（12）有色荧光油墨印刷图案：背面采用有色荧光油墨印刷的浅红色椭圆形胶印图纹，在特定波长的紫外光下显现橘黄色荧光图案。

（13）无色荧光纤维：在特定波长的紫外光下可见纸张中有随机分布的黄色和蓝色荧光纤维。

（14）专用纸张：普通纸张在紫外光下有强烈的荧光反应，钞票专用纸张在紫外灯下观察无荧光反应。

2. 1999年版第五套人民币50元券纸币防伪特征。1999年版第五套人民币50元券纸币主色调为绿色，票幅长150mm、宽70mm。正面主景为毛泽东头像，左侧为“中国人民银行”行名、阿拉伯数字“50”、面额“伍拾圆”和椭圆形花卉图案，左上角为中华人民共和国国徽图案，右下角为盲文面额标记，票面正面印有横竖双号码。背面主景为布达拉宫图案，右上方为“中国人民银行”汉语拼音字母和蒙、藏、维、壮四种民族文字的“中国人民银行”字样和面额，如图1－56和图1－57所示。

1999年版第五套人民币50元券纸币的防伪特征有：固定人像水印，红、蓝彩色纤维，磁性缩微文字安全线，手工雕刻头像，隐形面额数字，胶印缩微文字，光变油墨面

图 1－56

图 1－57

额数字，阴阳互补对印图案，雕刻凹版印刷，横竖双号码，无色荧光油墨印刷图案，有色荧光油墨印刷图案，无色荧光纤维，专用纸张。

3. 1999 年版第五套人民币 20 元券纸币防伪特征。1999 年版第五套人民币 20 元券纸币主色调为棕色，票幅长 145mm、宽 70mm。正面主景为毛泽东头像，左侧为“中国人民银行”行名、阿拉伯数字“20”、面额“贰拾圆”和椭圆形花卉图案，票面左上方为中华人民共和国国徽图案，左下方印有双色横号码，右下方为盲文面额标记。背面主景为桂林山水图案，票面右上方为“中国人民银行”汉语拼音字母和蒙、藏、维、壮四种民族文字的“中国人民银行”字样和面额，如图 1－58 和图 1－59 所示。

图 1－58

图 1－59

1999 年版第五套人民币 20 元券纸币的防伪特征有：固定花卉水印，红、蓝彩色纤维，安全线，手工雕刻头像，隐形面额数字，胶印缩微文字，雕刻凹版印刷，双色横号码，无色荧光油墨印刷图案，有色荧光油墨印刷图案，无色荧光纤维，专用纸张。

4. 1999 年版第五套人民币 10 元券纸币的防伪特征。1999 年版第五套人民币 10 元券纸币的票面设计如图 1－60 和图 1－61 所示，其防伪特征有：固定花卉水印，白水印，红、蓝彩色纤维，全息磁性开窗安全线，手工雕刻头像，隐形面额数字，胶印缩微文字，阴阳互补对印图案，雕刻凹版印刷，双色横号码。

图 1－60

图 1－61

5. 1999 年版第五套人民币 5 元券纸币的防伪特征。1999 年版第五套人民币 5 元券纸币票面设计如图 1－62 和图 1－63 所示，其防伪特征有：固定花卉水印，白水印，红、蓝彩色纤维，全息磁性开窗安全线，手工雕刻头像，隐形面额数字，胶印缩微文字，雕刻凹版印刷，双色横号码，无色荧光油墨印刷图案，有色荧光油墨印刷图案，无色荧光纤维，专用纸张。

图 1－62

图 1－63

6. 1999 年版第五套人民币 1 元券纸币的防伪特征。1999 年版第五套人民币 1 元券纸币主色调为橄榄绿色，票幅长 130mm、宽 63mm。正面主景为毛泽东头像，左侧为“中国人民银行”行名、阿拉伯数字“1”、面额“壹圆”和花卉图案，左上角为中华人民共和国国徽图案，左下角印有双色横号码，右下角为盲文面额标记。背面主景为西湖图案，左下方印有面额“1YUAN”，右上方为“中国人民银行”汉语拼音字母和蒙、藏、维、壮四种民族文字的“中国人民银行”字样和面额。防伪特征如图 1－64 和图 1－65 所示。

图 1－64

图 1－65

【任务小结】

本任务主要介绍了现行流通的 2015 年版、2005 年版和 1999 年版第五套人民币的防伪特征，掌握这一部分知识技能对于每天接触大量现金的工作人员来讲是十分必要的。

【考核】

思考题：请比较分析不同版本的第五套人民币 100 元纸币防伪特征有哪些不同之处。

课后训练：

1. 对 2015 年版 100 元纸币实物进行防伪特征分析。
2. 结合 2005 年版第五套人民币各券别纸币的票面设计与常用防伪特征，运用手工和仪器相结合的方式，进行 2005 年版第五套人民币纸币的真伪鉴别。
3. 结合 1999 年版第五套人民币各券别纸币的票面设计与常用防伪特征，运用手工和仪器相结合的方式，进行 1999 年版第五套人民币纸币的真伪鉴别。

【拓展】

◇ 知识链接 10

人民币票样及票样管理

1. 人民币票样的含义。票样，也称样票、样张、样本票。人民币票样是指我国在发行新版人民币时，为了使银行、海关、公安等部门和人民群众熟悉新版人民币的票面额、图景、花纹、颜色等特征，预先向有关方面印发的人民币样本。人民币票样就是我国法定流通的人民币的样本。凡真人民币票面上加印了“票样”二字的即为人民币票样，票样按规定程序和手续分发使用，它可以比较真币，也可以鉴别假币，但不准流通。

票样是通过试生产，经过批准作为正式生产产品的标准，以确保货币印制质量的一致性和对货币印制质量的检查，同时也用于对假钞的鉴别，所以，票样又是从事反假人民币斗争的重要武器。票样由中国人民银行总行统一印制，在票面上加盖“票样”（或

“样本”“样票”“样张”）字样，并按规定程序和手续分发到各分支行存档备用，不准流通。

票样有的是用真钞正背加印“票样”字样而充当票样；有的是在试印的时候利用单面图案加印“票样”字样，变成正背两面单页组成一枚完整的票样。票样的编号一般以“0”贯穿到底，正票（流通票）有几位号码，票样就有几位“0”；也有以正票号码形式编号的，但号码的位数、印刷位置与正票完全不同，一般编号位数少于正票，且一般印在票券正背面中间的上方或下方，此编号用于记载分发各分行支行的数目。

2. 人民币票样的管理

（1）人民币票样是反假人民币的重要资料，银行各行处应指定专人负责并建立领发保管手续。分发保管票样时，须根据票样发单办理签收手续，按券别、版别、图景、号码、张数和领用行名称详细登记票样登记簿，以备查考。领用行要建立票样簿和票样登记簿，换人保管票样时，应将票样实物和票样登记簿核对相符后，办理交接手续。

（2）人民币票样不准流入市场，发现流入市场的票样，应予收回，一旦发现人民币票样流入市场，应立即截留收回，并做如下处理：①认真向持票人追查来源，如系误收、误用，应由持票样人所在单位出具证明，说明情况，经调查属实，可酌情予以收回；②兑回行应根据兑回的票样号码继续追查，丢失票样的银行应对有关失职人员酌情处理；③若非本辖区内经管的票样，应逐级送上级人民银行，上级人民银行根据分发人民币票样登记簿的记载追查和处理。由于人民币票样实行严格的管理，所以，通常情况下不会流散到社会上去，但从人民币收藏的实践上看，人民币票样时有发现，尤其是第一套人民币票样，这与过去票样管理制度不严有关。兑回或收回的票样，根据票样号码追查责任，对有关失职人员根据情况进行处理。如非本行经管的票样，应报上级行或当地人民银行进行追查。

（3）县以下基层分理处不发票样。领用单位合并或撤销时，多余的票样应上交省分行；行政区域变更，不属原分发行管辖时，应将票样转移情况报上级行备案；真假鉴别手续由人民银行总行统一印发，各行不得复印。

我国第一套人民币票样绝大部分在票券正面和背面从右至左加盖“票样”二字，但字形有大有小，字体多种多样，颜色有红蓝之分，位置也有不统一，只有两枚票券（1元工厂券和100元帆船券），从右至左加“样张”二字。号码的编排绝大部分票样采用以“0”贯穿到底的形式，也有个别票样是由正票加盖“票样”二字而作票样使用的，如20元的帆船火车券、100元的北海桥券（正面蓝黑色）等。但无论采取哪种编号形式，绝大部分票样均有自己的编号，这就是向下分发时记载的号码，一般采用“票样××××××号”形式。另外，第一套人民币中的5000元渭河桥券和10000元军舰券两张票券的票样各有两种版别，其中的一种渭河桥券票样正面没有加印冠号、图章和“票样”字样，只在行名下另加印六位编号，这是第一套人民币中一张极其特殊的票样。

第二套人民币全部票样均在正面从左至右加盖“票样”两字，冠号编排与正票相同，只是号码采用以“0”贯穿到底的形式，但每张票样背面均有自己分发时编排的5位号码。

第三套人民币各票样与第二套人民币票样形式基本相同，但除1960年版枣红色1角券外，其他票样正背面均增印了“内部票样禁止流通”字样。另外，背面下边的分发编号除10元券采用6位号码外，其他票样均为4位号码。

第四套人民币票样形式有些变化：1角、2角券正背均加盖两组“票样”字样，且“样”字全部改成简化字，同时正背面均增印两组“票样禁止流通”字样。冠号与正票一样，冠字采用两个汉语拼音字母，八位号码以“0”贯穿到底，背面下边均印有5位分发编号。

第五套人民币票样在票券正背面中下方均加盖“票样”字样，并在票券正背面两侧边缘处加印小字“票样禁止流通”字样。

◇ 知识链接11

《中华人民共和国中国人民银行法》中关于人民币的规定

第十六条　中华人民共和国的法定货币是人民币。以人民币支付中华人民共和国境内的一切公共的和私人的债务，任何单位和个人不得拒收。

第十七条　人民币的单位为元，人民币辅币单位为角、分。

第十八条　人民币由中国人民银行统一印制、发行。

中国人民银行发行新版人民币，应当将发行时间、面额、图案、式样、规格予以公告。

第十九条　禁止伪造、变造人民币。禁止出售、购买伪造、变造的人民币。禁止运输、持有、使用伪造、变造的人民币。禁止故意毁损人民币。禁止在宣传品、出版物或者其他商品上非法使用人民币图样。

第二十条　任何单位和个人不得印制、发售代币票券，以代替人民币在市场上流通。

第二十一条　残缺、污损的人民币，按照中国人民银行的规定兑换，并由中国人民银行负责收回、销毁。

◇ 知识链接12

中国人民银行办公厅关于对第五套人民币1999年版部分券别纸币实行只收不付管理的通知

中国人民银行上海总部，各分行、营业管理部，各省会（首府）城市中心支行，深圳市中心支行；各国有商业银行、股份制商业银行，中国邮政储蓄银行：

为了便利人民币流通，人民银行决定对第五套人民币1999年版100元、50元、20元、10元、5元纸币（以下简称1999年版5元以上面额纸币）实行只收不付。现就有关事项通知如下：

一、自2018年4月1日起，各银行业金融机构对收到的1999年版5元以上面额纸币不得再对外付出，一律作为残损人民币单独交存人民银行发行库。

二、人民银行各分支机构对银行业金融机构交存的1999年版5元以上面额纸币应按残损人民币进行账务处理，办理入库，单独存放，并按有关规定组织复点、抽查、再抽查等工作后，按照人民银行总行下达的残损人民币销毁计划组织销毁。

三、各单位要积极采取措施，加大工作力度，促进1999年版5元以上面额纸币回笼，确保只收不付工作顺利进行。

四、各单位要密切关注1999年版5元以上面额纸币实行只收不付后对现金供应的影响，确保正常的现金供应。

请人民银行分支机构将本通知及时转发至辖区内地方性银行业金融机构。执行中如遇问题，请及时报告人民银行总行。

◇ 专业词汇中英文对照

防伪特征　（security features）

任务3－2　假人民币的识别与收缴

【案例引入】

新入职的柜员张琪在办理柜面现金收款业务时，经点钞机提示发现一张人民币百元钞券疑似假币。

【学习任务】

（一）假币的种类

假人民币指仿照真人民币纸张、图案、水印、安全线等原样，利用各种技术手段非法制作的伪币。

假人民币包括伪造币和变造币。伪造币指仿照真币原样，利用各种手段非法重新仿制的各类假票币。变造币指在真币基础上或以真币为基本材料，通过挖补、剪接、涂改、揭层等办法加工处理，使原币改变数量、形态实现升值的假货币。

假币种类包括机制、拓印、复印、照相、描绘、石、木版、以及蜡版、油印假币等。其中电子扫描分色制版印刷的机制假币数量最多，伪造水平最高，危害性最大。

1. 伪造币。伪造币是指仿造真币的图案、形状、色彩等，采用各种手段制作的假货币。有用油印定位，手工着色，正背两面经分别仿制后粘贴而成的；有用木刻后手工修饰的；有仿照人民币图案绘画、着色的（但这种纯手工绘制的很少见）；有彩色复印或黑白复印后手工着色的；更多的是印刷机印刷的。

（1）机制假币。所谓机制假币就是利用现代化的制版印刷设备伪造的假币。这类假币伪造的质量高、数量多，极其容易扩散，危害性最大，是反假货币的最重要的目标。目前市场上伪造的人民币主要是机制胶印假币。随着激光排版、电子分色制版、计算机扫描分色制版和彩色复印、胶版印刷等高新技术的广泛应用，犯罪分子利用先进技术和设备大量印制假币。有些假币还通过仿制和变造使假币具有了荧光油墨、磁性金属安全线等机读特征。这类假币由于质量较高，比较难以识别，要识别就要掌握其特征。

（2）拓印假币。拓印假币是指利用化学原理，以一定化学物质浸泡真币，使真币色彩脱离，构成另外图案滋生的假币。拓印假币时破坏了真币，形成了被拓印币，被拓印币是真币。

（3）彩色复印假币。复印假币就是指利用分辨率很高的彩色复印机复印伪造出来的假币。这类币颜色、图案与真币相似，在注意力不集中的情况下容易误收。但只要仔细识别，还是能够发现的，因为这类假钞比较粗糙，线条一般不很光洁，在放大镜下观察，该种假币的图案均由横向或竖向间断线条组成。

（4）手工描绘或手工刻版印刷的假币。这类假币是采用传统的原始造假手段制作的，该类假币伪造手段落后，制版的材料质量低劣，伪造出来的假币质量很差，比较容易识别。

（5）照相假币。照相假币采用相纸做钞纸材料，是利用照相设备拍摄，冲印成型的假币，它与一般的相片制作方法相同效果也相同，此类假币纸张厚且脆，稍加揉折票面就有裂痕，票面带有与真币截然不同的光泽。流通时间久了，会产生形同龟裂的形态。

（6）铸造假币。利用浇铸或印模压印制造的假硬币，一般其图文粗糙、模糊，没有金属光泽，用肉眼难以辨别。通过真币做模板刻制印模，再用冲床机压印出来的假硬币，与真币较为相似，欺骗性强。在识别时需要与真币仔细比较才能看出真假。

2. 变造币。变造币是指在真币的基础上，利用挖补、揭层、涂改、拼凑、移位、重印等多种方法制作，改变真币原形态的假币。变造币由于其变造后改变了真币的一些特征，一般容易识别。其主要有以下两种。

（1）剪贴变造币。将人民币剪成若干条，每张取出其中一条，数条可拼凑一张完整的人民币，以少张变多张，从中牟利。

（2）揭页变造币。将人民币先进行一定处理，然后一揭为二，再用白纸进行粘贴，形成一面是真币，一面是假币。

（二）假人民币的主要特征

无论采用何种方式伪造的假人民币，与真币总有一定的差异。

1. 纸币假币的主要特征

（1）固定人像、花卉水印。假钞伪造水印的方法一般有两种，一种是在纸张夹层中涂上白色浆料，透光观察水印所在位置的纸张明显偏厚；另一种是在票面上面、背面或正背面同时使用无色或淡黄色油墨印刷类水印的图案，图案不透光也清晰可见，立体感较差。

（2）安全线。假钞伪造安全线的方法有三种，一种方法是在假钞表面，用油墨印刷一个线条，用于伪造安全线，仪器检测无磁性特征；另一种方法是在纸张夹层中放置与安全线等宽的聚酯类线状物，因其与纸张结合较差，极易抽出。安全线上的微缩文字字形较为粗糙，仪器检测无磁性特征；第三种方法是伪造开窗安全线。使用双层纸张，在正面的纸张上，对应开窗位置留有断口，使镀有金属反射表面的聚酯类线状物，从一个断口伸出，再从另一个断口埋入，用于伪造开窗安全线，其安全线与纸张结合较差，无全息图像。

（3）红、蓝彩色纤维。假钞使用红蓝两色油墨印刷一种与真钞的色彩形状纤维近似的细线，用于伪造红、蓝彩色纤维。

（4）雕刻凹版印刷图案。假钞的正背面主景图案多是由细点组成（真钞由点、线组成），图案颜色不正、缺乏层次、明暗过渡不自然。特别是人像目光无神，发丝模糊。图案无凹凸感，也有一部分假币在凹印图部位涂抹胶水或压痕来模仿凹印效果。

（5）隐性面额数字。假钞隐性面额数字是使用无色油墨印刷而成，图纹线条与真券差别较大，即使垂直钞面也可看到。

（6）胶、凹印微缩文字。假钞的微缩文字模糊不清，无法分辨。

（7）光变油墨面额数字。假钞一般使用两种方式伪造光变面额数字，一种是用普通单色油墨平板印刷的，无真券特有的颜色变换特征，用手触及其表面时无凹凸感；另一种伪造方法是使用珠光油墨丝网印刷，其变色特征与真券有较明显的区别。如100元假钞，使用绿色珠光油墨伪造光变面额数字有一定的光泽，但其线条粗糙，只有绿色珠光效果，无蓝色特征。

（8）阴阳互补对印图案。假钞的对印图案，在迎光透视时正背图案重合得不够完整，线条有明显的错位现象。

（9）有色、无色荧光图案。在紫外线下，假钞要么无有色、无色荧光图案，要么其颜色及亮度与真券有一定的差别。

（10）专用纸张。大部分假钞所使用的纸张在紫外线下会发出较强的蓝色荧光，也有少量假钞荧光较弱或没有荧光。假钞纸张中不含无色荧光纤维。

2. 硬币假币的主要特征。市场上的金属假币五花八门，必须有一套识别金属假币的技术。所有金属假币不论制假者手段如何高超，都有其共同特点。从整体特征来看，一是金属假币工艺粗糙，成色不足，颜色不一，黄铜币发白、发亮，白铜币显黄。这是金属假币合金配置比例不当所致。二是金属假币正、背面图案花纹比较模糊，没有真币那样有层次感和立体感，显得呆板，仔细观察有形同而神不似的感觉。在放大镜下，图案花纹笔道有明显的沙粒状结构，光泽和亮度均不及真币，金属假币字体略粗。笔画不规范，棱角、国徽、天安门图案欠分明。三是假币的单枚重量各枚之间差异较大。

（三）真假货币的鉴别

1. 纸币的鉴别方法。检验真假纸币的方法基本分为两种，即机器检验和手工检验，就是我们通常所说的采用直观对比和仪器检测相结合的方法。

（1）机器检验。机器检验是通过验钞机检测钞票真伪，一般要经过几次检测，而且还要进行手工检验，因为有时验钞机也会出现误判。另外，还可以借助一些简单的工具和专业仪器进行钞票的真伪识别。如借助放大镜来观察票面线条的清晰度，胶、凹印缩微文字等；用紫外灯光照射钞票，观察有色和无色荧光油墨印刷图案，纸张中不规则分布的黄、蓝两色荧光纤维；用磁性检测仪检测黑色横号码的磁性。

（2）手工检验。手工检验包括眼看（视觉）、手摸（感觉）、耳听（听觉）三方面。

①眼看。用眼睛仔细地观察票面颜色、图案、花纹、水印、安全线等外观情况。人民币的图案颜色协调，图案人像层次分明，富有立体感，人物形象表情传神，色调柔和亮丽；票面中的水印，立体感强，层次分明，灰度清晰；安全线和纸张牢固粘合在一起，并有特殊的防伪标记；对印图案完整、准确；各种线条粗细均匀，直线、斜线、波纹线明晰、光洁。

②手摸。依靠手指触摸钞票的感觉来分辨人民币的真伪。人民币是采用特种原料，由专业钞造设备制造的印钞专用纸张印制，其手感光滑、薄厚均匀，坚挺有韧性，且票面上的行名、盲文、国徽和主景图案一般采用凹版印刷工艺，用手轻轻触摸，有凹凸

感，手感与摸普通纸感觉不一样。

③耳听。通过抖动使钞票发出声响，根据声音来判断人民币的真伪。人民币是由专用特制纸张印制而成的，具有挺括、耐折、不易撕裂等特点，手持钞票用力抖动，手指轻弹或两手一张一弛轻轻对称拉动钞票，均能发出清脆响亮的声音。

在这里需要指出的是，在钞票防伪识别过程中，不能仅凭一点或几点就草率地辨别真伪，还要考虑到钞票流通中受到的诸多因素影响，进行综合分析。

钞票在流通过程中，随着时间的推移，票面会出现磨损，甚至会受到一些化学物质等的污染，从而造成钞票真伪难辨。如流通时间过长，票面磨损严重造成钞票水印不够清晰，钞票凹印的凹凸感会不明显；钞票碰到强热辐射颜色会改变，遇到酸、碱、有机溶剂、油污等污染，会造成正面光变面额数字失去光变效果，票面的有色、无色荧光图案和纸张中的无色荧光纤维的荧光反应减弱；如钞票被洗衣粉浸泡后，钞票纸会没有荧光反应等，同时上述因素还有可能造成清分或验钞机的误判。

2. 硬币鉴别方法

（1）对比法。对比法是识别金属假币的一种比较有效的方法。如果你收到一枚硬币难以辨别真伪，那么，用 3 ~5 倍的放大镜，与一枚真的金属硬币仔细比较，一般都能辨别出真伪。真币的外形都很规整，硬币的边部光滑平整，币面图案的中心线基本对正重合，有着柔和的金属光泽。而假币往往外形不怎么规整，特别是假币的边部，很容易有毛刺或者起线不圆滑，厚度不均匀，图纹文字模糊发虚，正、背面图案的中心线错位较大，其金属色泽发白发闷，有的虽然也有金属光泽，但其光泽散发。在硬币的材质方面，真币材料都是由高品质的金属材料制成，而金属假币的制造者选用的材料不可能用材精良，这样就使得色泽难以做到与真币一模一样。更重要的是假币的制造者没有压制硬币的专用压印机和印模，由于没有专门的硬币制模设备和专业工艺技术，在其翻制模具过程中一般不可能做到与压印真币的印模完全一样。因此采用与真币的对比法，通常可以识别多种假币。

（2）测量称重法。如果我们通过上面的对比法，仍难以把握金属硬币真伪，那么我们还可以采用测量称重法进行鉴别。当我们拿到一枚金属硬币的时候，可以先用一把千分尺仔细测量上下金属硬币的直径、厚度，如有条件，可以用工具显微镜检测其清边宽度是否均匀，清边高度和清边是否对称，然后可以用精度不低于 0.001 克的均衡测量器检测硬币的单枚重量，假币的直径、厚度、清边宽度、单枚重量等重要的技术参数都难以达到与真币完全一致。因此，通过测量称重法也可以鉴别出金属硬币的真伪。

（3）图纹重合比照法。对于有些采用高科技仿制的质量较高的金属硬币，我们采用对接重影比较仪进行图纹重合检查。将真币和待测币放在对接重影比较仪下，仔细地将两枚硬币的图案、花纹、文字进行重合比较，仔细观察两枚硬币的图案、花纹、文字是否完全重合，因为假币制造者制作的印模是难以做到与真币一模一样的。所以，用对接重影比较仪就可以鉴别硬币的真伪了。

（4）合金成分分析法。这种检验分析方法比较专业，不是在哪里都可以进行检测的。如遇到数量较大难以辨别的真假金属硬币，建议送到国家造币厂进行检测，通过对硬币金属材料的分析，辨别其真伪。

（四）发现假币的处理

单位和个人发现假币应上缴办理货币存取款和外币兑换业务的金融机构。金融机构是指商业银行、城乡信用社、邮政储蓄等业务机构。

金融机构在办理业务时发现假币应予以收缴。收缴假币时应该做到以下几点。

1. 由该金融机构两名以上具有鉴定技能并获得反假货币上岗资格证书的业务人员当着假币持有人的面予以收缴。业务人员收缴假币时应出示人民银行颁发的反假货币上岗资格证书，并在监控下进行；其中鉴别假币时应采用人、机结合的方式，并注意方式方法，让假币持有人心服口服。

2. 对假人民币纸币，业务人员应当着持有人的面在假币正背面加盖“假币”字样的戳记。

3. 对假外币纸币及各种假硬币，业务人员应当着持有人的面以统一格式的专用袋加封，封口处加盖“假币”字样戳记，并在专用袋上标明币种、券别、面额、张（枚）数、冠字号码、收缴人、复核人名章等细项。

4. 收缴假币的金融机构（简称收缴单位）的业务人员应完整地填制中国人民银行统一印制的假币收缴凭证，并请假币持有人在客户签字栏签字确认；然后向持有人出具一联假币收缴凭证。

5. 收缴单位的业务人员告知持有人如对被收缴的货币真伪有异议，可自收缴之日起3个工作日内，持假币收缴凭证直接或通过收缴单位向中国人民银行当地分支机构或中国人民银行授权的当地鉴定机构提出书面鉴定申请。

6. 收缴的假币，不得再交予持有人。

7. 金融机构对收缴的假币实物进行单独管理，并建立假币收缴代保管登记簿。

（五）假币鉴定规程

1. 中国人民银行授权的鉴定机构，应当在营业场所公示授权证书。

2. 持有人对被收缴货币的真伪有异议，在被收缴之日起的3个工作日内持假币收缴凭证，直接或通过收缴单位向中国人民银行当地分支机构或中国人民银行授权的当地鉴定机构提出书面鉴定申请。

3. 中国人民银行当地分支机构和中国人民银行授权的鉴定机构应当无偿提供鉴定货币真伪的服务，鉴定后应出具中国人民银行统一印制的货币真伪鉴定书，并加盖货币鉴定专用章和鉴定人名章。

4. 中国人民银行分支机构和中国人民银行授权的鉴定机构应当自收到鉴定申请之日起2个工作日内，通知收缴单位报送需要鉴定的货币，收缴单位应当自收到鉴定单位通知之日起2个工作日内，将需要鉴定的货币送达鉴定单位。

5. 中国人民银行分支机构和中国人民银行授权的鉴定机构应当自受理鉴定之日起15个工作日内，出具货币真伪鉴定书。因情况复杂不能在规定期限内完成的，可延长至30个工作日，但必须以书面形式向申请人或申请单位说明原因。

6. 经鉴定为真币的，对真人民币，由鉴定单位交收缴单位按照面额兑换完整券退还持有人，同时收回持有人的假币收缴凭证，盖有“假币”戳记的人民币按损伤人民币处理；对外币纸币和各种硬币，由鉴定单位交收缴单位退还持有人，并收回假币收缴凭证。

7. 经鉴定为假币的，对假人民币，由鉴定单位予以没收，并向收缴单位和持有人开具货币真伪鉴定书和假币没收收据；对假外币纸币和各种假硬币，由鉴定单位退回收缴单位依法收缴，并向收缴单位和持有人出具货币真伪鉴定书。

8. 如持有人对金融机构作出的有关收缴或鉴定假币的具体行政行为有异议，可在收到假币收缴凭证或假币真伪鉴定书之日起 60 个工作日内申请行政复议，或依法提起行政诉讼。

9. 持有人对中国人民银行分支机构作出的有关鉴定假币的具体行政行为有异议，可在收到货币真伪鉴定书之日起 60 个工作日内向其上一级机构申请行政复议，或依法提起行政诉讼。

【任务小结】

本任务主要介绍了假币的常见种类和假币的识别方法，以及发现假币的处理，通过系统的归纳和总结，有利于学生熟练掌握和应用。

【考核】

思考题：

1. 假币的鉴别方法有哪些？
2. 柜员在办理业务时发现假币应当如何处理？

【拓展】

◇ 知识链接 13

《中华人民共和国刑法》中关于制造、贩卖、使用假币处罚规定

第一百七十条　伪造货币的，处三年以上十年以下有期徒刑，并处五万元以上五十万元以下罚金；有下列情形之一的，处十年以上有期徒刑、无期徒刑或者死刑，并处五万元以上五十万元以下罚金或者没收财产：

（1）伪造货币集团的首要分子；

（2）伪造货币数额特别巨大的；

（3）有其他特别严重情节的。

第一百七十一条　出售、购买伪造的货币或者明知是伪造的货币而运输，数额较大的，处三年以下有期徒刑或者拘役，并处二万元以上二十万元以下罚金；数额巨大的，处三年以上十年以下有期徒刑，并处五万元以上五十万元以下罚金；数额特别巨大的，处十年以上有期徒刑或者无期徒刑，并处五万元以上五十万元以下罚金或者没收财产。

银行或者其他金融机构的工作人员购买伪造的货币或者利用职务上的便利，以伪造的货币换取货币的，处三年以上十年以下有期徒刑，并处二万元以上二十万元以下罚金；数额巨大或者有其他严重情节的，处十年以上有期徒刑或者无期徒刑，并处二万元以上二十万元以下罚金或者没收财产；情节较轻的，处三年以下有期徒刑或者拘役，并处或者单处一万元以上十万元以下罚金。

伪造货币并出售或者运输伪造的货币的，依照本法第一百七十条的规定定罪从重

处罚。

第一百七十二条　明知是伪造的货币而持有、使用，数额较大的，处三年以下有期徒刑或者拘役，并处或者单处一万元以上十万元以下罚金；数额巨大的，处三年以上十年以下有期徒刑，并处二万元以上二十万元以下罚金；数额特别巨大的，处十年以有期徒刑，并处五万元以上五十万元以下罚金或者没收财产。

第一百七十三条　变造货币，数额较大的，处三年以下有期徒刑或者拘役，并处或者单处一万元以上十万元以下罚金；数额巨大的，处三年以上十年以下有期徒刑，并处二万元以上二十万元以下罚金。

◇ 知识链接 14

《中国人民银行假币收缴、鉴定管理办法》

第一章　总　则

第一条　为规范对假币的收缴、鉴定行为，保护货币持有人的合法权益，根据《全国人民代表大会常务委员会关于惩治破坏金融秩序犯罪的决定》和《中华人民共和国人民币管理条例》制定本办法。

第二条　办理货币存取款和外币兑换业务的金融机构收缴假币、中国人民银行及其授权的鉴定机构鉴定货币真伪适用本办法。

第三条　本办法所称货币是指人民币和外币。人民币是指中国人民银行依法发行的货币，包括纸币和硬币；外币是指在我国境内（香港特别行政区、澳门特别行政区及台湾地区除外）可收兑的其他国家或地区的法定货币。

本办法所称假币是指伪造、变造的货币。

伪造的货币是指仿照真币的图案、形状、色彩等，采用各种手段制作的假币。

变造的货币是指在真币的基础上，利用挖补、揭层、涂改、拼凑、移位、重印等多种方法制作，改变真币原形态的假币。

本办法所称办理货币存取款和外币兑换业务的金融机构（以下简称“金融机构”）是指商业银行、城乡信用社、邮政储蓄的业务机构。

本办法所称中国人民银行授权的鉴定机构，是指具有货币真伪鉴定技术与条件，并经中国人民银行授权的商业银行业务机构。

第四条　金融机构收缴的假币，每季末解缴中国人民银行当地分支行，由中国人民银行统一销毁，任何部门不得自行处理。

第五条　中国人民银行及其分支机构依照本办法对假币收缴、鉴定实施监督管理。

第二章　假币的收缴

第六条　金融机构在办理业务时发现假币，由该金融机构两名以上业务人员当面予以收缴。对假人民币纸币，应当面加盖“假币”字样的戳记；对假外币纸币及各种假硬币，应当面以统一格式的专用袋加封，封口处加盖“假币”字样戳记，并在专用袋上标明币种、券别、面额、张（枚）数、冠字号码、收缴人、复核人名章等细项。收缴假币的金融机构（以下简称“收缴单位”）向持有人出具中国人民银行统一印制的《假币收缴凭证》，并告知持有人如对被收缴的货币真伪有异议，可向中国人民银行当地分支机构或中国人民银行授权的当地鉴定机构申请鉴定。收缴的假币，不得再交予持有人。

第七条　金融机构在收缴假币过程中有下列情形之一的，应当立即报告当地公安机关，提供有关线索：

（一）一次性发现假人民币20张（枚）（含20张、枚）以上、假外币10张（含10张、枚）以上的；

（二）属于利用新的造假手段制造假币的；

（三）有制造贩卖假币线索的；

（四）持有人不配合金融机构收缴行为的。

第八条　办理假币收缴业务的人员，应当取得《反假货币上岗资格证书》。《反假货币上岗资格证书》由中国人民银行印制。中国人民银行各分行、营业管理部、省会（首府）城市中心支行负责对所在省（自治区、直辖市）金融机构有关业务人员进行培训、考试和颁发《反假货币上岗资格证书》。

第九条　金融机构对收缴的假币实物进行单独管理，并建立假币收缴代保管登记簿。

第三章　假币的鉴定

第十条　持有人对被收缴货币的真伪有异议，可以自收缴之日起3个工作日内，持《假币收缴凭证》直接或通过收缴单位向中国人民银行当地分支机构或中国人民银行授权的当地鉴定机构提出书面鉴定申请。

中国人民银行分支机构和中国人民银行授权的鉴定机构应当无偿提供鉴定货币真伪的服务，鉴定后应出具中国人民银行统一印制的《货币真伪鉴定书》，并加盖货币鉴定专用章和鉴定人名章。

中国人民银行授权的鉴定机构，应当在营业场所公示授权证书。

第十一条　中国人民银行分支机构和中国人民银行授权的鉴定机构应当自收到鉴定申请之日起2个工作日内，通知收缴单位报送需要鉴定的货币。

收缴单位应当自收到鉴定单位通知之日起2个工作日内，将需要鉴定的货币送达鉴定单位。

第十二条　中国人民银行分支机构和中国人民银行授权的鉴定机构应当自受理鉴定之日起15个工作日内，出具《货币真伪鉴定书》。因情况复杂不能在规定期限内完成的，可延长至30个工作日，但必须以书面形式向申请人或申请单位说明原因。

第十三条　对盖有“假币”字样戳记的人民币纸币，经鉴定为真币的，由鉴定单位交收缴单位按照面额兑换完整券退还持有人，收回持有人的《假币收缴凭证》，盖有“假币”戳记的人民币按损伤人民币处理；经鉴定为假币的，由鉴定单位予以没收，并向收缴单位和持有人开具《货币真伪鉴定书》和《假币没收收据》。

对收缴的外币纸币和各种硬币，经鉴定为真币的，由鉴定单位交收缴单位退还持有人，并收回《假币收缴凭证》；经鉴定为假币的，由鉴定单位将假币退回收缴单位依法收缴，并向收缴单位和持有人出具《货币真伪鉴定书》。

第十四条　中国人民银行分支机构和中国人民银行授权的鉴定机构鉴定货币真伪时，应当至少有两名鉴定人员同时参与，并作出鉴定结论。

第十五条　中国人民银行各分支机构在复点清分金融机构解缴的回笼款时发现假人

民币，应经鉴定后予以没收，向解缴单位开具《假币没收收据》，并要求其补足等额人民币回笼款。

第十六条　持有人对金融机构作出的有关收缴或鉴定假币的具体行政行为有异议，可在收到《假币收缴凭证》或《货币真伪鉴定书》之日起60个工作日内向直接监管该金融机构的中国人民银行分支机构申请行政复议，或依法提起行政诉讼。

持有人对中国人民银行分支机构作出的有关鉴定假币的具体行政行为有异议，可在收到《货币真伪鉴定书》之日起60个工作日内向其上一级机构申请行政复议，或依法提起行政诉讼。

第四章　罚　则

第十七条　金融机构有下列行为之一，但尚未构成犯罪的，由中国人民银行给予警告、罚款，同时，责成金融机构对相关主管人员和其他直接责任人给予相应纪律处分：

（一）发现假币而不收缴的；

（二）未按照本办法规定程序收缴假币的；

（三）应向人民银行和公安机关报告而不报告的；

（四）截留或私自处理收缴的假币，或使已收缴的假币重新流入市场的。

上述行为涉及假人民币的，对金融机构处以1000元以上5万元以下罚款；涉及假外币的，对金融机构处以1000元以下的罚款。

第十八条　中国人民银行授权的鉴定机构有下列行为之一，但尚未构成犯罪的，由中国人民银行给予警告、罚款，同时责成金融机构对相关主管人员和其他直接责任人给予相应纪律处分：

（一）拒绝受理持有人、金融机构提出的货币真伪鉴定申请的；

（二）未按照本办法规定程序鉴定假币的；

（三）截留或私自处理鉴定、收缴的假币，或使已收缴、没收的假币重新流入市场的。

上述行为涉及假人民币的，对授权的鉴定机构处以1000元以上5万元以下罚款；涉及假外币的，对授权的鉴定机构处以1000元以下的罚款。

第十九条　中国人民银行工作人员有下列行为之一，但尚未构成犯罪的，对直接负责的主管人员和其他直接责任人员，依法给予行政处分：

（一）未按照本办法规定程序鉴定假币的；

（二）拒绝受理持有人、金融机构、授权的鉴定机构提出的货币真伪鉴定或再鉴定申请的；

（三）截留或私自处理鉴定、收缴、没收的假币，或使已收缴、没收的假币重新流入市场的。

第五章　附　则

第二十条　本办法自2003年7月1日起施行。

第二十一条　本办法由中国人民银行负责解释。

◇ 专业词汇中英文对照

假币，伪钞　（counterfeit money / substitutionary currency）

任务3－3　常见外币防伪特征分析

【案例引入】

柜员张琪在办理柜员业务时收到客户提交的美元现钞，要求开立个人外汇储蓄账户，柜员张琪在收款的同时需要对客户提交的美元进行真伪鉴别。

【学习任务】

（一）美元

1. 美元基础知识介绍。美元（UNITED STATES DOLLAR）俗称美金，是美国的货币，货币符号为 USD。目前流通的美元纸币是自 1929 年以来发行的各版钞票，主要是联邦储备券。其纸币面额有 1 美元、2 美元、5 美元、10 美元、20 美元、50 美元和 100 美元，铸币面额有 1 美分、5 美分、10 美分、25 美分、50 美分和 1 美元，以前还发行过 500 美元、1000 美元的纸币，但日常生活中较少流通并且已经停用。现行流通的各面额美元票面设计如下。

（1）1 美元。1 美元券（1993 年版）正面是美国的国父首任美国总统乔治·华盛顿（George Washington，1732—1799）肖像，背景主景是美国国玺（The Great Seal of the United States），如图 1－66 所示。

图 1－66

（2）2 美元。2 美元券（1976 年版）正面是美国第三届总统托马斯·杰斐逊（Thomas Jefferson，1743—1826）肖像，斯图亚特（G. C. Stuart）原作。背面是独立宣言签字会场，如图 1－67 所示。

图 1-67

（3）5 美元。5 美元券分为新旧两个版本，旧版如图 1-68 所示，新版如图 1-69 所示，正面是亚伯拉罕·林肯（Abraham Lincoln，1809—1865）肖像，背面是位于华盛顿的林肯纪念堂。

图 1-68

（4）10 美元。10 美元券分为新旧两个版本，旧版如图 1-70 所示，新版如图 1-71

图 1－69

所示，正面是亚历山大·汉密尔顿（Alexander Hamilton，1755—1804）肖像，背面是美国财政部大楼。

图 1－70

图 1－71

（5）20 美元。20 美元券分为新旧两个版本，旧版如图 1－72 所示，新版如图 1－73 所示，正面是第 7 届美国总统安德鲁·杰克逊（Andrew Jackson，1767—1845）肖像。背面是白宫，美国总统府。

图 1－72

图 1－73

（6）50 美元。50 美元券分为新旧两个版本，旧版如图 1－74 所示，新版如图1－75 所示，正面是第 18 届总统尤里西斯·格兰特·葛仑（Ulysses Simpson Grant，1822—1885）肖像。背面是美国国会大厦。

图 1－74

图 1 －75

（7）100 美元。100 美元券分为新旧两个版本，旧版如图 1 －76 所示，新版如图 1 －77所示，正面是本杰明 · 富兰克林（Benjamin Franklin，1706—1790）肖像，背面是费城独立纪念堂。百元大钞上的头像不是总统，而是著名科学家、金融家、政治家弗兰克林，因为他曾在美国独立战争时期起草了著名的《独立宣言》。

图 1 －76

图 1－77

2. 2013 年版 100 美元钞票防伪特征。2013 年新版 100 美元钞票（如图 1－77 所示）是目前最新改版的美国货币，具有更可靠的安全特征。这是 2003 年开始推出的改版系列中的最后一种面值。该系列还包括 20 美元、50 美元、10 美元和 5 美元钞票。经过十年的研究和开发，最终形成了新版 100 美元钞票的安全特征。新版 100 美元钞票包含众多安全特征，其中包括两种更加高级的新安全特征。这些特征增加了制造假币的难度，同时让民众更容易鉴别真伪。

（1）3D 安全条带。注意观察新版 100 美元钞票正面的蓝色条带，可见上面有钟形图案和数字“100”（如图 1－78 所示）。将钞票前后倾斜，同时注意观察条带。可以看到，

图 1－78

在移动过程中，钟形图案会变成数字“100”。将钞票前后倾斜，钟形图案和数字“100”会左右移动。如果左右倾斜，它们将上下移动。安全条带是织入纸币的，而不是印制在纸币上的，同时应用了先进的微技术。使用了近百万个微型透镜，以产生移动钟形图案和数字“100”的视觉效果。该特征属于美元的新增防伪特征。

（2）墨水池中的钟形图案。注意观察新版100美元钞票正面紫铜色墨水池中的钟形图案。变换角度观察钞票，会发现钟形图案由紫铜色变成绿色，呈现钟形图案在墨水池中时隐时现的效果（如图1－79所示）。该安全特征提供了简单而微妙的方法来鉴别钞票的真伪，尤其适合在无法对着光源观察时使用。该特征属于美元的新增防伪特征。

图1－79

（3）肖像水印。将钞票对着光源，然后在肖像右侧的空白处寻找本杰明·富兰克林的黯淡图像（如图1－80所示）。从钞票两面均可看到该图像。

图1－80

（4）安全线。将钞票对着光源，可在肖像左侧看到嵌入纸币的垂直安全线。在安全线上交替压印有字母“USA”和数字“100”，在钞票两面均可看到（如图1－81所示）。在紫外线照射下，安全线会发出粉红光。

图1－81

（5）变色数字（光变油墨面额数字）。将钞票倾斜，会看到钞票正面右下角的数字“100”从紫铜色变为绿色（如图1－82所示）。

图1－82

（6）凹版印刷。把手指放在钞票左侧本杰明·富兰克林肖像的肩部上下触摸。因为该图像是用凹雕印刷工艺制作的（如图1－83所示），因此会有一种凹凸感。整张100美元钞票大部分均采用传统凹版印刷工艺制作，使得美元真钞具有与众不同的纹理。

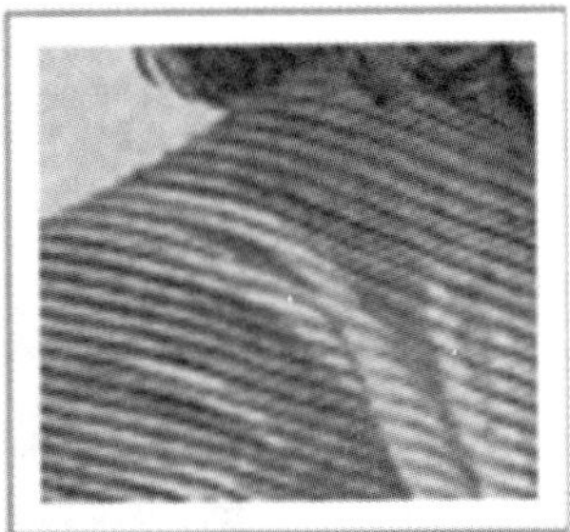

图1－83

（7）金色数字“100”。在钞票背面寻找大字体金色数字“100”，如图1－84所示。采用大字体有助于视力障碍人士辨别面值。

图1－84

（8）缩微印刷。仔细观察本杰明·富兰克林的衣领、出现肖像水印处的边缘空白区域、金色羽毛笔上，以及钞票四周边缘，会看到印刷的小字，如图1－85所示。

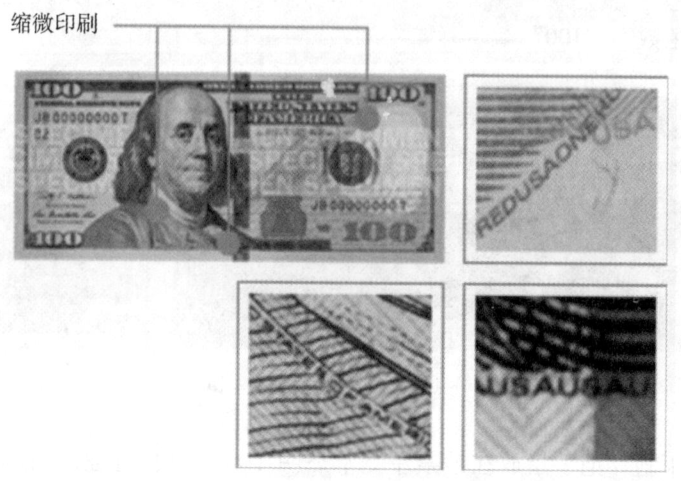

图1－85

（9）联邦储备局标志。本杰明·富兰克林肖像左侧的联邦储备局通用印章代表整个联邦储备体系，如图1－86所示。左侧序列号码下方的字母以及数字可以识别发行钞票的联邦储备银行。共有12家地区联邦储备银行和24家分行遍布美国各大城市。

联邦储备局标志

图1－86

（10）序列号码。钞票正面有两组11个数字和字母的独特组合，如图1－87所示。这些独特的序列号码有助于执法部门识别假币，同时有助于制版印刷局跟踪钞票的质量标准。

图1－87

（11）FW 标志。新版 100 美元钞票由分别位于得克萨斯州沃思堡市和华盛顿特区的两家印刷厂负责印制。沃思堡市印刷厂印制的新版 100 美元钞票在其正面左上角数字“100”的右边印有小字母“FW”，如图 1－88 所示。钞票上如果没有 FW 标志，则表明是在华盛顿特区印制的。

图 1－88

（12）肖像及图案。新版 100 美元钞票正面仍保留美国开国元勋之一本杰明·富兰克林的肖像。钞票背面使用新的独立纪念馆图案，其显示的是纪念馆的背面而非正面，如图 1－89 所示。去除了肖像和图案四周的椭圆形，图像比以前更大。

图 1－89

（13）自由符号。新版 100 美元钞票在肖像右侧印有美国自由符号——摘自《独立宣言》的名言和开国元勋用来签署该历史文献的羽毛笔，如图 1－90 所示。

图 1－90

（14）颜色。新版100美元钞票的背景色为淡蓝色。在100美元钞票设计上新增了复杂的颜色层，与其他各种面值的钞票均不同，以示区别，如图1－91所示。

图1－91

（二）欧元

1. 欧元基础知识。欧元（Euro）是欧盟中19个国家的货币。货币符号为€，标准代码为EUR。欧元的19个会员国是德国、法国、意大利、荷兰、比利时、卢森堡、爱尔兰、西班牙、葡萄牙、奥地利、芬兰、立陶宛、拉脱维亚、爱沙尼亚、斯洛伐克、斯洛文尼亚、希腊、马耳他、塞浦路斯。1999年1月1日在实行欧元的欧盟国家中实行统一的货币政策，2002年7月欧元成为欧元区唯一合法货币。欧元由欧洲中央银行和各欧元区国家的中央银行组成的欧洲中央银行系统负责管理。

欧元纸币共有七种面额，分别是€5，€10，€20，€50，€100，€200和€500。第一套欧元纸币于2002年1月1日至2013年5月1日期间发行，随后在2013年5月2日起被第二套纸币所取代。新版第二套欧元纸币面额目前有四种€5，€10，€20，€50，新版100欧元和200欧元纸币预计从2018年底开始流通，同时，欧洲央行将于2018年底永久性停止发行500欧元纸币。新版欧元各面额票面设计如图1－92～图1－95所示。

图1－92

图1－93

图 1－94　　　　图 1－95

2. 欧元防伪特征。欧元纸币的防伪特征主要表现在以下几个方面。

（1）专用纸张：欧元的纸张主要是由棉、麻纤维抄造而成。纸质坚韧、挺度和耐磨力好，长期流通纤维不松散、不起毛、不断裂，在紫外线下无荧光反应。棉纤维长使纸张不易断裂，吸墨好、不易褪色。麻纤维结实坚韧，使纸张挺括，经久流通不起毛，对水、油及一些化学物质有一定的排斥能力。

（2）无色荧光纤维：一般情况下，每个国家制造纸币所用的纸张都采用长的棉、麻纤维，以麻纤维为主，这些纤维因为是天然植物，所以在紫外线的照射下没有荧光反应。欧元纸币在印制欧元的纸张中随机加入了人造纤维，这些纤维在纸张中的位置是不固定的，在普通光线下与天然的棉、麻纤维并无区别，但在紫外线的照射下会有明显的荧光反应，呈现出红、黄、蓝三种颜色。

（3）全息标识：5 欧元、10 欧元、20 欧元正面右边贴有全息薄膜条，变换角度观察可以看到明亮的欧元符号和面额数字；50 欧元、100 欧元、200 欧元、500 欧元正面的右下角贴有全息薄膜块，变换角度观察可以看到明亮的主景图案和面额数字。

（4）水印：水印是在造纸的过程中，在丝网上安装事先设计好的水印图文印版，或通过印刷滚筒压制而成。由于图文高低和压印方向不同，使纸浆形成薄厚不同的相应密度。这些图案在正常情况下不易看出，只有对光检验才能看清。主要是由于纸浆成纸后有图文处纸浆的密度不同，其透光度有差异，故透光观察时，可显出原设计的图文，这些图文即称为水印。在印钞纸张中加入水印在当今科学技术发达的时代，仍被世界各国防伪专家公认为是一种行之有效的防伪技术。欧元纸币均采用了黑、白水印结合的方式，即与每一票面主景图案相同的门窗图案黑水印及面额数字白水印，且都位于纸币正面的左侧中部。对光检验，这些水印上的图案、文字清晰可见。

（5）安全线：安全线是在抄纸的过程中，在纸张的特定位置上埋入特制的金属线或不同颜色的聚酯类塑料线、缩微印刷线或荧光线。对光观察时可见有一条完整的或断续

（开窗）的线埋藏于纸基中。安全线上可印刷用户需要的图案和文字，根据防伪的不同难度要求，安全线上的印刷图案或文字可制作成镂空或非镂空。

欧元纸币中的安全线属于植入式安全线，即安全线全部埋于纸张中不外露，它是在造纸过程中抄纸时抄入纸内形成的。各种面额欧元的安全线的宽度均为1mm。安全线黑色有磁性，其通过磁性检测仪时有磁性反应。另外，上边还有黑体镂空透明的缩微的面额数字和欧元的英文字母，且面额数字一大一小，前面的大，后面的小，中间为欧洲中央银行的英文缩写“EURO”，正反相间。5 欧元安全线上的缩微文字为“5 EURO 5”，10 欧元安全线上的缩微文字为“10 EURO 10”，20 欧元安全线上的缩微文字为“20 EURO 20”，50 欧元安全线上的缩微文字为“50 EURO 50”，100 欧元安全线上的缩微文字为“100 EURO 100”，200 欧元安全线上的缩微文字为“200 EURO 200”，500 欧元安全线上的缩微文字为“500 EURO 500”。这种带有缩微文字的安全线是一种扁平的聚酯线，透光可见，但却不能用复印机复印出来，这一技术的使用大大提高了欧元纸币的防伪能力。

（6）凹版印刷：欧元纸币正面的面额数字、门窗图案、欧洲中央银行缩写及 200 欧元、500 欧元的盲文标记均是采用雕刻凹版印刷的，摸起来有明显的凹凸感。

（7）凹印缩微文字：欧元纸币正背面均印有缩微文字，在放大镜下观察，真币上的缩微文字线条饱满且清晰。

（8）专用油墨：印制欧元用的油墨包括平版、凸版和凹版油墨都是特制的，市场上没有销售，其配方也是绝密的。另外，还使用了磁性油墨、荧光油墨、珠光油墨和光变油墨。

（9）磁性油墨：20 世纪 60 年代前后，磁性油墨首先在银行和邮政的业务中使用。当时使用磁性油墨并非用于防伪，而是主要用于银行对票据的自动处理、邮政对信件的自动分拣。80 年代开始，磁性油墨的颜色不再仅限于黑色，而是扩大到了四色油墨。后来，逐渐被用在印刷纸币的防伪上。

（10）荧光油墨：欧元七种面额纸币的正面、背面均有用荧光油墨印刷的图案文字。用荧光油墨印刷的图案、文字当受到紫外线的照射时，有不同的荧光反应，会发出不同颜色的光线。

（11）珠光油墨：珠光油墨中的主要发光成分为珠光颜料，是一种无机颜料，由云母晶片构成。其外层包裹具有高折射指数的金属氧化物，如二氧化钛、氧化铁，通过控制云母晶片上金属氧化物种类及金属氧化物层的厚度可产生不同颜色的反射光，从而产生银白色、干扰色、金色及古铜色等不同颜色的效果；通过控制云母晶片的粒径可以产生不同的闪烁效果。

新版欧元纸币在原有水印、隐形油墨、全息投影和微缩印刷等基础上，加入了新的防伪技术，加大了伪造货币的难度。新版欧元上印有神话人物欧罗巴的肖像水印作为安全标记。这个肖像取自意大利南部一个有两千多年历史的古董花瓶上的画像。新版欧元纸币上有“肖像之窗”。只要将纸币背着光线，就可以透过变得通透的纸币在纸币的任何一面看到希腊神话人物欧罗巴的肖像。除了欧罗巴肖像之外，新版纸币还有其他的防伪标识。印在纸币正面的面值数字从侧面观察颜色会从祖母绿变成深蓝色，纸币边缘设置了凸起的波纹，用特殊材料印制，比其他部分略厚，如图 1－96 所示。

图 1-96

【任务小结】

外币的种类繁多，本任务只是选择了常见的美元和欧元作为例子介绍，其他的外币防伪知识需要学生在工作和实践中参考所学内容不断积累丰富。

【考核】

思考题：

1. 最新彩版 100 美元的防伪特征有哪些？
2. 新版欧元的新增防伪特征有哪些？

【拓展】

◇ 专业词汇中英文对照

美国联邦储备银行 （Federal Reserve Bank of the United States）

欧洲中央银行 （European Central Bank）

项目二
会计凭证的汇总核算

能力目标：

1. 能够按照规范在会计凭证上填写大小写和阿拉伯数字。
2. 能够熟练运用计算器或电脑小键盘快速准确进行传票算。

知识目标：

1. 掌握数字书写的基本要求。
2. 熟悉会计凭证上的数字填写、审核规范。
3. 了解计算器的功能与使用。
4. 掌握翻打传票的方法与技巧。

素质目标：

1. 树立良好的法制意识和职业道德。
2. 工作态度认真严谨，在快速处理凭证相关业务时不出任何差错和遗漏。
3. 培养服务意识，树立良好的职业形象，无论业务繁忙与否，同客户交流要时刻保持语气和缓礼貌，笑容亲切。

关键词：数字书写规范　数字书写应用 传票算

项目导入：

商业银行的业务特征决定了会计凭证在银行业务处理中的重要意义，会计凭证上的日期、金额、账号等重要信息都是运用数字来记录的，正确地使用阿拉伯数字和中文大写数字填制会计凭证并进行审核，熟练准确地对凭证金额进行汇总运算，是柜员的一项必备技能。在本项目中我们主要从计算器和电脑小键盘的指法运用和传票算两大方面展开任务学习。

知识结构图

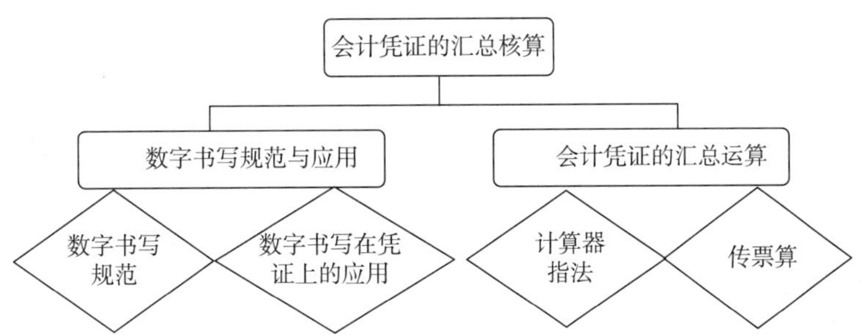

子项目一　数字书写规范与应用

能力目标：

- 能够按规范在账表和凭证上正确填写中文大、小写和阿拉伯数字。
- 能够正确填制会计凭证。
- 能够对已填制的会计凭证进行审核。

知识目标：

- 掌握数字书写基本要求。
- 会计凭证填写、审核规范。

素质目标：

- 培养学生养成认真严谨的工作态度。
- 培养学生的学习能力和举一反三的知识应用能力。

任务1-1　数字书写

【案例引入】

飞翔贸易公司财务人员小张在缴存现金的时候，因为现金缴款单上的金额填写潦草被要求重新填制凭证。

【学习任务】

数字是计算的基础，数字书写是一项基本技能。银行会计正在逐步走向电子化、网络化，对于数字的书写，提出了更高的要求。银行的所有员工都必须勤学苦练这项基本功。数字书写正确与否，会直接产生两种截然不同的结果。数字书写正确、清楚，会使工作顺利地开展，从而提高工作效率和服务质量；反之，书写潦草、马虎、乱涂改，差错百出，会出现资料失实和账务混乱，给工作带来不应有的损失。

银行是金融企业、是国民经济的综合部门，担负着全社会总会计、总出纳的任务。银行每日处理千百万笔业务，办理大量的资金收付工作，所有这些工作，都有一个计算问题，这就说明银行工作和计算的关系十分密切，离开了计算银行工作就寸步难行，而数字书写，则是计算工作中不可分割的一部分。

数字是计算的前提，一切计算的过程和结果都要通过数字表示和反映，也就是说任何一次计算都是通过数字符号作为载体传递计算信息的，没有数字，计算就无法进行。数字书写正确与否是计算得出正确结果的前提，是一切计算结果的保证，它直接影响计算资料的准确性和反映情况的真实性。因此，要认真地练好数字书写，使其字体写得正确、整齐、清晰、流畅、大方。

目前，财会工作中常用的数字有两种：一种是中文大写数字，主要用于填写需要防止涂改的信用凭证、支票等有价单据；另一种是阿拉伯数字书写，主要用于凭证、账簿、报表的书写。

（一）中文大写数字的书写与使用规范

1. 中文大写数字。中文大写数字金额一律用正楷或行书书写。由数字和数位组成，正确写法：

数字：零、壹、贰、叁、肆、伍、陆、柒、捌、玖

数位：拾、佰、仟、万、亿、角、分、元等。

中文大写数字的特点是：笔画多，写起来费时又费事，而且不易涂改。中文大写数字主要用于填写需要防止涂改的各种凭证和经济合同，如收据、借据、发货票、支票、汇票、合同书等。

2. 中文大写数字书写的有关规定

（1）标明“人民币”等字样。中文大写金额数字前标明“人民币”字样，且其与首个金额数字之间不留空白，数字之间更不能留空白，写数与读数顺序要求一致。如果未印货币名称（一般是“人民币”），应当加填货币名称。若为外币须冠外币名称，如美元、欧元、日元等。

例如：

① ¥58.26　写作：人民币伍拾捌元贰角陆分。

② ¥2000　写作：人民币贰仟元整。

（2）“整”字的用法。

① 中文大写金额数字到“元”为止没有角分时，应当写“整”字。

例如：¥580 写作：人民币伍佰捌拾元整。

② 有角分时，不能再写“整”字。如¥482.86　写作：人民币肆佰捌拾贰元捌角陆分。

（3）有关“零”字的用法。中文数码（阿拉伯）金额数字中间连续有几个“0”时，中文大写金额数字中间可以只写一个“零”字，数字中有“0”时，中文大写金额应根据“0”所在的位置，按照汉语语言规律、金额数字构成和防止涂改的要求进行书写，具体如下：

①数字中间有“0”时，中文大写金额要写“零”字。如¥308.76 中文大写金额应

写为：人民币叁佰零捌元柒角陆分。

②数字中间有连续几个“0”时，中文大写金额可以只写一个“零”字，读时也只读一个零。如￥50008.56中文大写为：人民币伍万零捌元伍角陆分。

③数字金额角位是“0”，而分位不是“0”时，中文大写金额元字后面应写“零”字，如￥79.08中文大写为：人民币柒拾玖元零捌分。

④数字万位或元位是“0”，或者数字中间连续有几个“0”，万位、元位也是“0”，但是千位、角位不是“0”时，中文大写金额可以写一个零字，也可以不写“零”字。如￥32580.24中文大写为：人民币叁万贰仟伍佰捌拾元贰角肆分，或者大写为：人民币叁万贰仟伍佰捌拾元零贰角肆分；又如，￥7907 321.00中文大写为：人民币柒佰玖拾万柒仟叁佰贰拾壹元整，或者大写为：人民币柒佰玖拾万零柒仟叁佰贰拾壹元整。

（4）有关“壹”字的用法。关于壹拾几的“壹”字，在书写中文大写金额数字时不能遗漏。平时口语习惯说“拾几”、“拾几万”，但“拾”字在中文大写时只代表数位，不是数字。根据中文大写要求每笔金额必须由数字和数位两要素组成，将“壹”字去掉就意味着带有“壹”字这笔金额出现错误。如￥18.00的正确书写为：人民币壹拾捌元整。如果丢掉壹字只写拾捌元整，这是不正确的，很容易被涂改，例如，16.32写作：壹拾陆元叁角贰分，而不是拾陆元叁角贰分。再如，￥150000的正确书写为：人民币壹拾伍万元整。

（5）表示数位的文字（拾、佰、仟、万、亿）前必须有数字。

（6）大写数字不能漏写或错写，一笔金额无论写错一个还是几个字，都不能在原来的数字上更改，必须重新填写。

（7）票据的出票日期必须使用中文大写。

为了防止变造票据的出票日期，在填写月、日时，月为壹、贰和壹拾的，日为壹至玖和壹拾、贰拾、叁拾的，应在其前加“零”；日为拾壹至拾玖的，应在其前加“壹”。如2月16日，应写成零贰月壹拾陆日；又如10月9日，应写成零壹拾月零玖日。

（二）中文小写数字书写规范

数字有：零、一、二、三、四、五、六、七、八、九。数位词有：个、十、百、千、万、亿等。中文小写数字的特点是笔画较少，便于书写，但易于篡改。多用于无须防止篡改的文字，如计划总结，请示报告等。

（三）阿拉伯数字的书写与使用规范

阿拉伯数字是印度人创造的。公元8世纪传入阿拉伯后又传到欧洲，因此，习惯称“阿拉伯数字”。由于它笔画简单，字数少，不用数位词就可以表示大小不同的数字，人们乐于使用它，很快传遍了世界各地，后来人们称阿拉伯数字为“公用数字”，阿拉伯数字在公元13~14世纪传入中国。

1. 阿拉伯数字书写的有关规定

（1）书写与数位相结合。写数时，每一个数字都要占有一个位置，每一个位置表示各种不同的单位。数字所在位置表示的单位，称为“数位”。数位按个、十、百、千、万的顺序，是由小到大，从右到左排列的，但写数和读数的习惯顺序，都是由大到小，从左到右的。我国的数位排列如表2-1所示。

表2－1　　我国的数位排列

数位	万万万位	千万万位	百万万位	十万万位	万万位	千万位	百万位	十万位	万位	千位	百位	十位	个位	十分位	百分位	千分位	万分位	十万分位	百万分位
读法	兆	千亿	百亿	十亿	亿	千万	百万	十万	万	千	百	十	个	分	厘	毫	丝	忽	微

阿拉伯数字在书写时，是与数位结合在一起的。书写的顺序是由高位到低位，从左到右依次写出各位数字。

例如：贰佰叁拾壹应写为：231。

（2）采用三位分节制。使用分节号能够较容易地辨认数的数位，有利于数字的书写、阅读和计算工作。

数字的整数部分，采用国际通用的“三位分节制”，从个位向左每三位数用分节号“，”分开。例如：

千万位	百万位	十万位	万位	千位	百位	十位	个位
2	4，	0	3	0，	0	0	0

带小数点的数，应将小数点记在个位与十分位之间的下方。

千位	百位	十位	个位	十分位	百分位
2，	4	0	7.	8	7

一般账表凭证的金额栏印有分位格，元位前每三位印一粗线代表分节号，元位与角位之间的粗线则代表小数点，记数时不要再另加分节号或小数点。

（3）关于人民币符号“¥”的使用。在填制凭证时，小写金额前一般均冠以人民币符号“¥”，“¥”是拼音文字“YUAN”元的缩写，“¥”既代表了人民币的币制，又表示了人民币“元”的单位。所以小写金额前填写“¥”以后，数字后就不要再写“元”了，例如，¥8200.05就已经表示了人民币捌仟贰佰元零伍分。书写时在“¥”与数字之间，不能有空位，以防止金额数字被人涂改。

在登记账簿、编制报表时，不能使用“¥”符号，因为账簿、报表上，一般情况下，不存在金额数字被涂改而造成损失的情况。在账簿或报表上如果使用“¥”符号，反而会增加错误的可能性。

2. 阿拉伯数字在账表凭证上的书写要求。在有金额分位格的账表凭证上，主要是在账簿上，阿拉伯数字的书写，结合记账规则的需要，有其特定的要求。

（1）规范化写法：如图2－1所示。

（2）书写要求。①数字书写是自上而下，先左后右，要一个一个地认真书写，书写时，弯笔要柔软，直笔要有劲，字迹要清晰，位次要整齐，数字之间不能连笔。

图 2－1

②数字要有一定的向右倾斜度，与底边构成的倾斜角为 55°～60°，字形要一致，流利美观。

③高度以账表格的二分之一为准。

④除“7”和“9”上低下半格的四分之一，下伸次行上半格的四分之一外，其他数字都要靠在底线上；“6”字竖上伸至上半格的四分之一处；“0”字不要有缺口，更不能带尾巴；“4”字顶部不封口。

⑤从最高位起，以后各格必须写完，没有数字用“0”添位。如人民币叁仟贰佰元整，应写成如图 2－2 所示：

万万	千万	百万	十万	万	千	百	十	元	角	分
				¥	3	2	0	0	0	0

图 2－2

⑥书写阿拉伯数字时，要特别注意分清小数点和分节号的写法。分节号手写时用逗号“,”，如同“八”字的左撇；小数点手写时用一个圆点“.”，如同八字的右捺，两者不能混淆，小数点向右点，分节号向左撇，小数点右无论有多少位都不准用分节号。

【任务小结】

本任务要求学生重点掌握的是中文大写数字和阿拉伯数字的书写规范，以及应用它们在填制账表时的各项要求。

【考核】

思考题：

一般在什么情况下需要使用中文大写数字？

课后训练：

（一）判断（在正确的下边打√，错误的下边打×）

1. ¥2000

人民币贰仟元整　　　　人民币　贰仟元整

2. 1 月 15 日

▲零壹月壹拾伍日（　）　▲一月十五日（　）　▲壹月壹拾伍日（　）

3. 壶（　）　式（　）参（　）肆（　）伍（　）陆（　）染（　）

扒（　）　攻（　）十（　）零（　）伯（　）仟（　）万（　）

（二）请纠正下列大写错误金额

数码金额	错误写法	正确写法
¥2000. 00	人民币：贰仟元整	
¥104000. 00	人民币拾万零肆仟元整	
¥60085000. 00	人民币陆仟万零捌万伍仟元整	
¥9700000. 54	人民币玖佰柒拾万零伍角肆分	

（三）将阿拉伯数字写成中文大写数字

（1）¥28703. 49　　应写成________

（2）¥160000. 00　　应写成________

（3）¥580. 20　　应写成________

（4）¥3000070. 10　　应写成________

（5）¥60104. 09　　应写成________

（6）¥109080. 80　　应写成________

（7）¥206054. 03　　应写成________

（8）¥80001. 20　　应写成________

（9）¥76003000. 00　　应写成________

（10）¥96274. 58　　应写成________

（四）将下列中文大写数字写成阿拉伯数字

(1) 人民币贰拾柒元伍角肆分　　应写成________

(2) 人民币伍仟贰佰万零陆仟玖佰柒拾捌元整　应写成________

(3) 人民币叁仟万零贰拾元整　　应写成________

(4) 人民币壹拾玖万零贰拾叁元整　　应写成________

(5) 人民币玖角捌分　　应写成________

(6) 人民币柒万肆仟伍佰零贰元捌角陆分　　应写成________

(7) 人民币玖仟叁佰元零伍角整　　应写成________

(8) 人民币贰拾肆万零捌佰零壹元零玖分　　应写成________

(9) 人民币壹拾万元整　　应写成________

(10) 人民币陆佰万元零柒分　　应写成________

（五）中文大写数字书写练习

数字：零、壹、贰、叁、肆、伍、陆、柒、捌、玖

数位：拾、佰、仟、万、亿、角、分、元

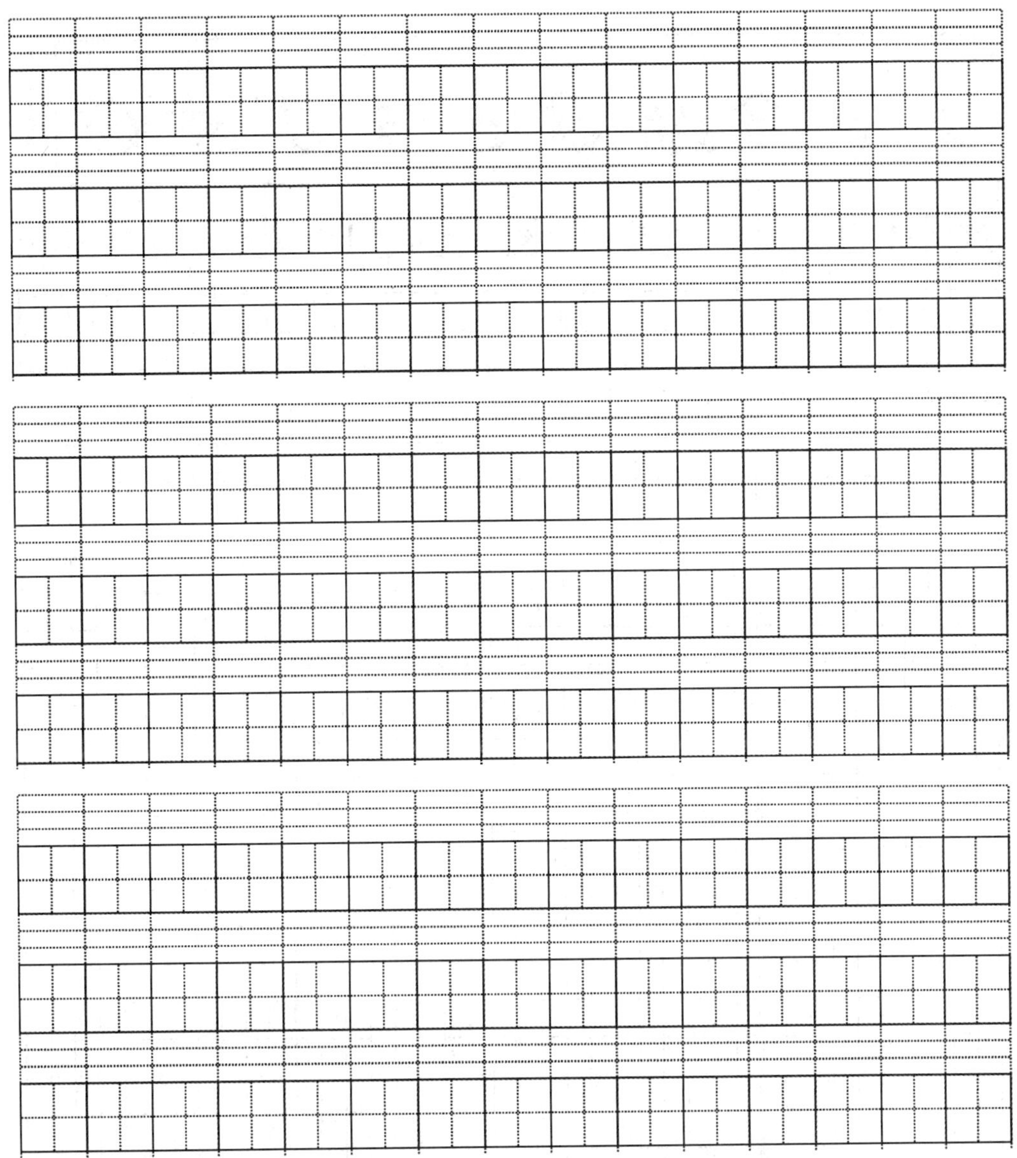

（六）阿拉伯数字书写练习

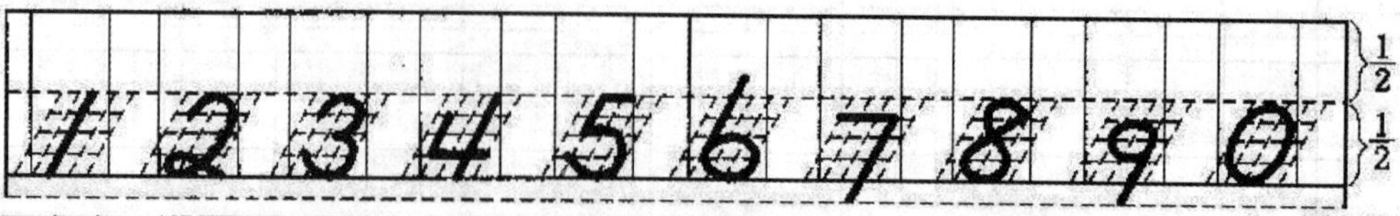

1 2 3 4 5 6 7 8 9 0

$\frac{1}{2}$

$\frac{1}{2}$

1										2										3										4									
千	百	十	万	千	百	十	元	角	分	千	百	十	万	千	百	十	元	角	分	千	百	十	万	千	百	十	元	角	分	千	百	十	万	千	百	十	元	角	分

【拓展】

◇ 知识链接 1

阿拉伯数字起源

阿拉伯数字是现今国际通用数字。最初由古印度人发明，后由阿拉伯人传向欧洲，之后再经欧洲人将其现代化。正因为阿拉伯人的传播，成为该种数字最终被国际通用的关键节点，所以人们称其为“阿拉伯数字”。

阿拉伯数字由0、1、2、3、4、5、6、7、8、9共10个计数符号组成。采取位值法，高位在左，低位在右，从左往右书写。借助一些简单的数学符号（小数点、负号、百分号等），这个系统可以明确地表示所有的有理数。为了表示极大或极小的数字，人们在阿拉伯数字的基础上创造了科学记数法。

公元500年前后，随着经济、种姓制度的兴起和发展，印度次大陆西北部的旁遮普地区的数学一直处于领先地位。天文学家阿叶彼海特在简化数字方面有了新的突破：他把数字记在一个个格子里，如果第一格里有一个符号，比如是一个代表1的圆点，那么第二格里的同样圆点就表示十，而第三格里的圆点就代表一百。这样，不仅是数字符号本身，而且它们所在的位置次序也同样拥有了重要意义。以后，印度的学者又引出了作为零的符号。可以这么说，这些符号和表示方法是今天阿拉伯数字的老祖先了。

公元3世纪，古印度的一位科学家巴格达发明了阿拉伯数字。最古老的计数目大概至多到3，为了要设想“4”这个数字，就必须把2和2加起来，5是2加2加1，3这个数字是2加1得来的，大概较晚才出现了用手的五指表示5这个数字和用双手的十指表示10这个数字。这个原则实际上也是数学计算的基础。罗马的计数只有到Ⅴ（即5）的数字，Ⅹ（即10）以内的数字则由Ⅴ（5）和其他数字组合起来。Ⅹ是两个Ⅴ的组合，同一数字符号根据它与其他数字符号的位置关系而具有不同的量。这样就开始有了数字位置的概念，在数学上这个重要的贡献应归于两河流域的古代居民，后来古鳊人在这个基础上加以改进，并发明了表达数字的1、2、3、4、5、6、7、8、9、0十个符号，这就成为今天记数的基础。公元8世纪印度出现了有零的符号的最老的刻版记录。当时称零为首那。

200年后，团结在伊斯兰教下的阿拉伯人征服了周围的民族，建立了东起印度，西至非洲到西班牙的阿拉伯帝国。后来，这个伊斯兰大帝国分裂成东、西两个国家。由于这两个国家的各代君王都奖励文化和艺术，所以两国的首都都非常繁荣，而其中特别繁华的是东都——巴格达，西来的希腊文化，东来的印度文化都汇集到这里来了。阿拉伯人将两种文化理解消化，从而创造了独特的阿拉伯文化。

大约公元700年前后，阿拉伯人征服了旁遮普地区，他们吃惊地发现：被征服地区的数学比他们先进。于是设法吸收这些数字。

公元771年，印度北部的数学家被抓到了阿拉伯的巴格达，被迫给当地人传授新的数学符号和体系，以及印度式的计算方法（用的计算法）。由于印度数字和印度计算法既简单又方便，其优点远远超过了其他的计算法，阿拉伯的学者们很愿意学习这些先进知识，商人们也乐于采用这种方法去做生意。

后来，阿拉伯人把这种数字传入西班牙。公元10世纪，又由教皇热尔贝·奥里亚克传到欧洲其他国家。公元1200年左右，欧洲的学者正式采用了这些符号和体系。至13世纪，在意大利比萨的数学家费婆拿契的倡导下，普通欧洲人也开始采用阿拉伯数字，15世纪时这种现象已相当普遍。那时的阿拉伯数字的形状与现代的阿拉伯数字还不完全相同，只是比较接近而已，为使它们变成今天的1、2、3、4、5、6、7、8、9、0的书写方式，又有许多数学家花费了不少心血。

阿拉伯数字起源于印度，但却是经由阿拉伯人传向西方的，这就是后来人们误解阿拉伯数字是阿拉伯人发明的原因。

◇ 专业词汇中英文对照

阿拉伯数字 （arabic numerals）

任务1－2 数字书写在会计凭证上的应用

【案例引入】

A公司财务人员小张在签发现金支票支取现金的时候，因为大写金额与阿拉伯数字金额不相符，导致该笔现金支取业务办理被银行柜员拒绝受理。

【学习任务】

（一）会计凭证日期的填制

1. 中文大写日期的填制应用。运用所学知识将下列会计凭证上的出票日期填写完整。

案例1. 广州环宇天地贸易有限公司向深圳智诚软件科技有限公司购买了一套软件，价格为12000元，采用普通支票结算方式。2018年2月15日，广州环宇天地贸易有限公司开出支票，收款人为深圳智诚软件科技有限公司。如图2－3所示。

图2－3

案例解析：该案例中支票的出票日期要求中文大写，这样可以有效防止支票日期篡改。按照前面所学中文大写在日期方面的应用规范，2 月应为零贰月，15 日应写作壹拾伍日，正确凭证填写如图 2－4 所示。

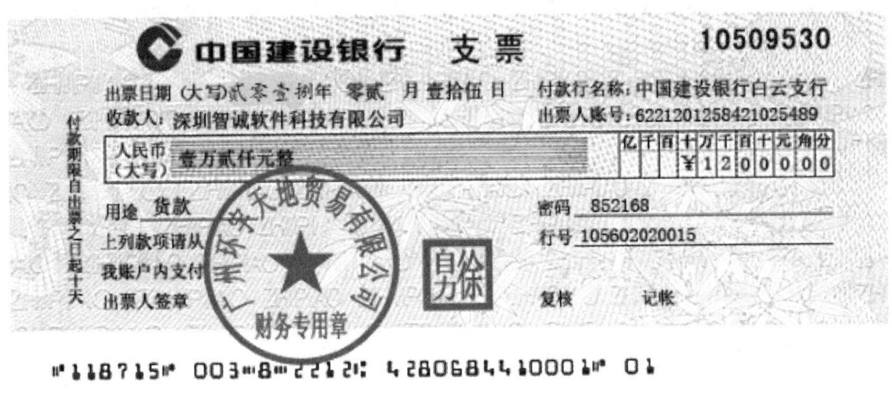

中国建设银行　支票　10509530

出票日期（大写）贰零壹捌年　零贰　月　壹拾伍　日　付款行名称：中国建设银行白云支行

收款人：深圳智诚软件科技有限公司　出票人账号：6221201258421025489

付款期限自出票之日起十天

人民币（大写）	壹万贰仟元整	亿	千	百	十	万	千	百	十	元	角	分
					¥	1	2	0	0	0	0	0

用途　货款　密码　852168

上列款项请从我账户内支付　行号　105602020015

出票人签章　复核　记账

图 2－4

2. 阿拉伯数字日期的填制应用。

案例 2. 2018 年 2 月 16 日深圳智诚软件科技有限公司财务人员持上述支票和进账单（如图 2－5 所示）到银行办理支票入账。请完成进账单日期的规范填制。

银行进账单　（回　单）　1

年　月　日

出票人	全　称	广州环宇天地贸易有限公司	收款人	全　称	深圳智诚软件科技有限公司
	账　号	6221201258421025489		账　号	6221201258964238751
	开户银行	中国建设银行白云支行		开户银行	中国建设银行白云支行

金额	人民币（大写）	亿	千	百	十	万	千	百	十	元	角	分

票据种类	支票									
票据张数	1张	票据号码	1	0	5	0	9	5	3	0

受理银行签章

此联是开户银行交给持（出）票人的回单

注意：本回执不作收款证明，不作提货依据，不作账务处理，仅供查询用。

图 2－5

案例解析：该案例中进账单的日期没有特殊要求，只要按照业务办理日期用阿拉伯数字填写即可（如图 2－6 所示）。

（二）会计凭证金额的填制

1. 会计凭证数字金额填制应用。很多会计凭证上既要填写中文大写金额，又要填写阿拉伯数字金额，填制的时候要注意以下几个方面。

（1）标注有“人民币（大写）”字样的会计凭证金额必须要采用中文大写的方式填

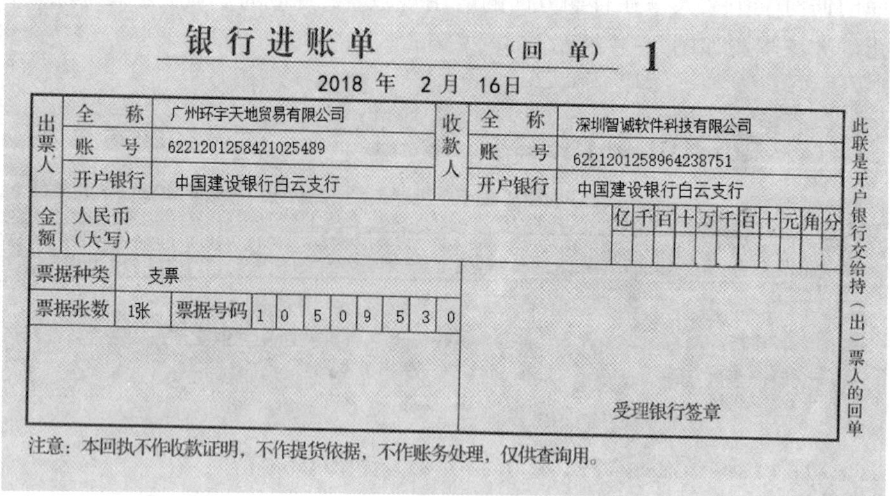

银行进账单 （回　单）　**1**

2018 年　2 月　16日

出票人	全　称	广州环宇天地贸易有限公司	收款人	全　称	深圳智诚软件科技有限公司
	账　号	6221201258421025489		账　号	6221201258964238751
	开户银行	中国建设银行白云支行		开户银行	中国建设银行白云支行

金额	人民币（大写）	亿	千	百	十	万	千	百	十	元	角	分

票据种类	支票		
票据张数	1张	票据号码	1 0 5 0 9 5 3 0
			受理银行签章

此联是开户银行交给持（出）票人的回单

注意：本回执不作收款证明，不作提货依据，不作账务处理，仅供查询用。

图 2-6

制。中文大写数字金额要紧挨着“人民币（大写）”进行书写，中间不要留空格，防止篡改。

（2）没有“大写”字样的会计凭证金额填写阿拉伯数字即可。阿拉伯数字金额通常保留两位小数，数字金额前面要紧挨着填写人民币符号“￥”，例如500元人民币的规范写法为：￥500.00。

（3）同一笔金额的大写数字和阿拉伯数字金额必须要一致。

（4）数字金额不能有任何涂改，否则凭证作废。

2. 案例实训。运用所学知识将下列会计凭证上的金额填写完整。

案例3. 请运用数字金额填写规范，将案例2中如图2-7所示的进账单金额填写完整。

案例解析：进账单金额填制如下。

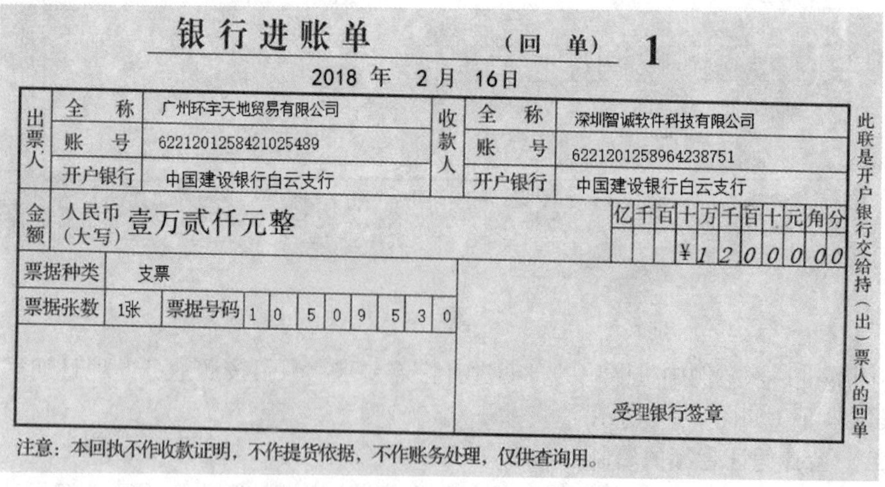

银行进账单 （回　单）　**1**

2018 年　2 月　16日

出票人	全　称	广州环宇天地贸易有限公司	收款人	全　称	深圳智诚软件科技有限公司
	账　号	6221201258421025489		账　号	6221201258964238751
	开户银行	中国建设银行白云支行		开户银行	中国建设银行白云支行

金额	人民币（大写）	亿	千	百	十	万	千	百	十	元	角	分
	壹万贰仟元整				￥	1	2	0	0	0	0	0

票据种类	支票		
票据张数	1张	票据号码	1 0 5 0 9 5 3 0
			受理银行签章

此联是开户银行交给持（出）票人的回单

注意：本回执不作收款证明，不作提货依据，不作账务处理，仅供查询用。

图 2-7

（三）会计凭证的审核实训

请审核下列案例中的会计凭证填制是否正确。

案例 4. 2012 年 11 月 1 日，深圳正天信息技术有限公司出纳开出一张现金支票，如图 2－8 所示，支取备用金 15000 元。

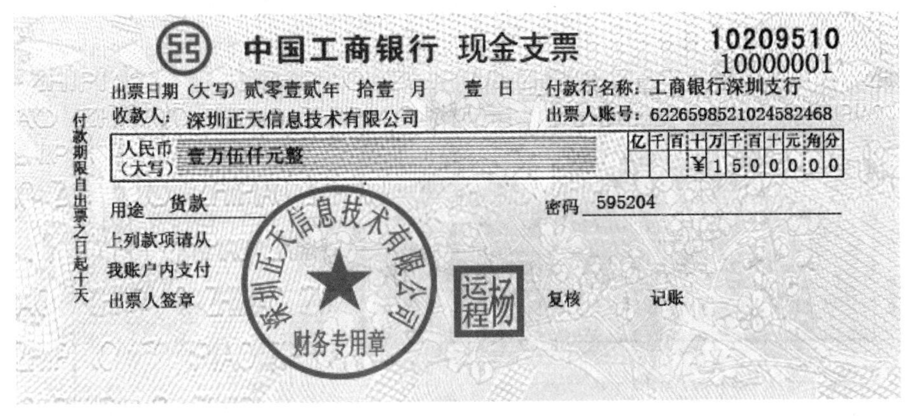

中国工商银行 现金支票　10209510 10000001

出票日期（大写）贰零壹贰年 拾壹 月 壹 日　付款行名称：工商银行深圳支行

收款人：深圳正天信息技术有限公司　出票人账号：6226598521024582468

人民币（大写）壹万伍仟元整

亿	千	百	十	万	千	百	十	元	角	分
			¥	1	5	0	0	0	0	0

用途 货款　密码 595204

上列款项请从我账户内支付

出票人签章　深圳正天信息技术有限公司 财务专用章　杨运程　复核　记账

付款期限自出票之日起十天

图 2－8

案例解析：

1. 现金支票“出票日期”填写成：贰零壹贰年拾壹月壹日，正确填写方法是：贰零壹贰年壹拾壹月零壹日；

2. 现金支票“用途”栏填写成：货款，正确填写用途是：备用金。

案例 5. 深圳正天信息技术有限公司开户银行为工商银行深圳科技园支行。2013 年 2 月 8 日，公司向广州环宇天地贸易有限公司购买了一批办公设备，货款总金额为 85201 元，货款用转账支票结算。公司会计开出金额为 85201 元的转账支票一张。

根据上述背景情况，审核票据（如图 2－9 所示）填写是否正确。

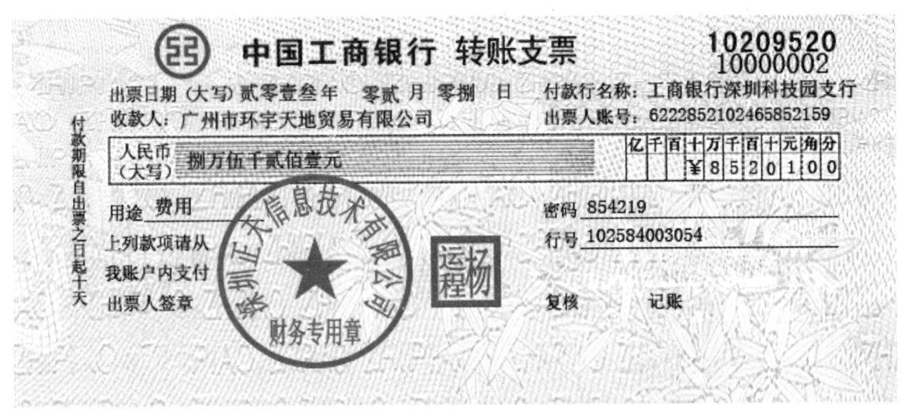

中国工商银行 转账支票　10209520 10000002

出票日期（大写）贰零壹叁年 零贰 月 零捌 日　付款行名称：工商银行深圳科技园支行

收款人：广州市环宇天地贸易有限公司　出票人账号：6222852102465852159

人民币（大写）捌万伍千贰佰壹元

亿	千	百	十	万	千	百	十	元	角	分
			¥	8	5	2	0	1	0	0

用途 费用　密码 854219

行号 102584003054

上列款项请从我账户内支付

出票人签章　深圳正天信息技术有限公司 财务专用章　杨运程　复核　记账

付款期限自出票之日起十天

图 2－9

案例解析：

1. 支票收款人填写成：广州市环宇天地贸易有限公司，正确填写方法是：广州环宇天地贸易有限公司；

2. 支票出票金额大写填写成：捌万伍千贰佰壹元，正确填写方法是：捌万伍千贰佰零壹元整。

3. 支票用途填写成：费用，正确填写用途是：货款。

案例6. 深圳正天信息技术有限公司（需方）和广州环宇天地贸易有限公司（供方）达成设备供需合同，合同总成交金额为185000元，双方约定采用6个月期限银行承兑汇票结算货款。2013年3月8日，需方按要求开具了银行承兑汇票并交付给供方，供方按合同要求向需方供应设备，交易顺利完成。

根据上述背景情况，审核票据（如图2-10所示）填写是否正确。

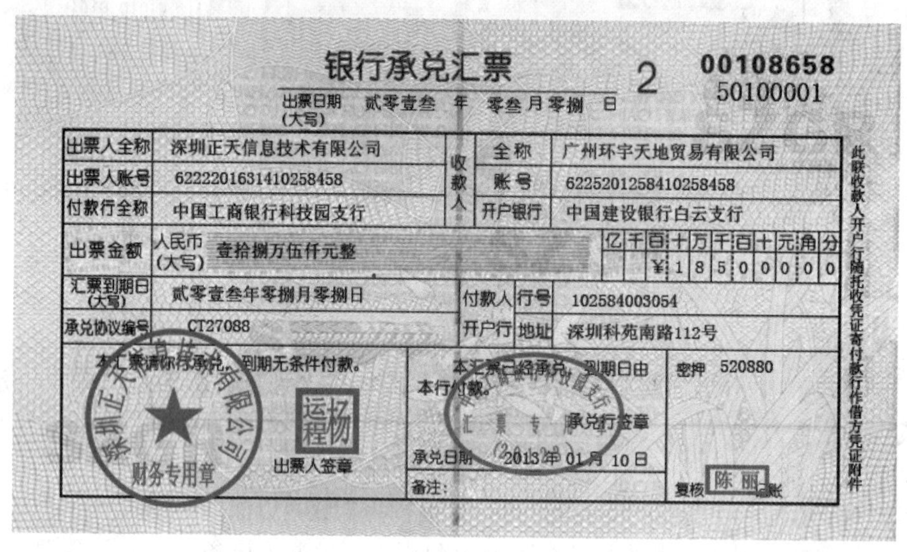

银行承兑汇票　2　00108658　50100001

出票日期（大写）　贰零壹叁　年　零叁月零捌　日

出票人全称	深圳正天信息技术有限公司	收款人	全称	广州环宇天地贸易有限公司
出票人账号	6222201631410258458		账号	6225201258410258458
付款行全称	中国工商银行科技园支行		开户银行	中国建设银行白云支行
出票金额	人民币（大写）壹拾捌万伍仟元整		亿千百十万千百十元角分	¥18500000
汇票到期日（大写）	贰零壹叁年零捌月零捌日	付款人开户行	行号	102584003054
承兑协议编号	CT27088		地址	深圳科苑南路112号

本汇票请你行承兑，到期无条件付款。　财务专用章　出票人签章

本汇票已经承兑，到期日由本行付款。　承兑行签章　承兑日期　2013年01月10日　备注：

密押　520880　复核　陈丽　记账

此联收款人开户行随托收凭证寄付款行作借方凭证附件

图2-10

案例解析：

1. 按合同要求，出票日期2013年3月8日，正确的中文大写方式为：贰零壹叁年叁月零捌日。

2. 根据合同要求，银行承兑汇票的期限是6个月，则汇票到期日应该是2013年9月8日，正确的中文大写方式为：贰零壹叁年玖月零捌日。

【任务小结】

本任务重点介绍了中文大写数字和阿拉伯数字在填制会计凭证时的应用，通过实际的票据案例分析让学生轻松掌握相关内容。

【考核】

课后训练：

深圳正天信息技术有限公司向广州市环宇天地贸易有限公司采购了一台电子设备，成交金额为9500元，约定以普通支票方式结算。2018年1月10日，公司会计开出一张金额为9500元的普通支票用于支付该笔货款。

根据上述背景情况，审核票据（如图2-11所示）填写是否正确。

中国工商银行 支票　10209530 10000003

付款期限自出票之日起十天

出票日期（大写）贰零壹叁 年 零贰 月 壹拾贰日　付款行名称：工商银行深圳科技园支行

收款人：广州市环宇天地贸易有限公司　出票人账号：6222852102465852159

人民币（大写）	玖仟伍佰元整	亿	千	百	十	万	千	百	十	元	角	分
							9	5	0	0	0	0

用途 货款　密码 854219

上列款项请从　行号 102584003054

我账户内支付

出票人签章　复核　记账

图 2－11

子项目二　会计凭证的汇总运算

能力目标：

- 掌握计算器的基本指法。
- 能够快速准确地运用计算器或电脑小键盘进行传票算。

知识目标：

- 了解计算器的功能与使用方法。
- 掌握传票算的方法与技巧。

素质目标：

- 养成认真刻苦的学习习惯。
- 在实训操作的过程中养成认真严谨的工作态度。

任务 2－1　计算器的功能与应用

【案例引入】

新入职柜员王杉参加新员工岗位技能培训，需要学习计算器的使用方法。

【学习任务】

计算器是现代人发明的可以进行数字运算的电子机器。在过去，诸如算盘、纳皮尔骨头、数学表书籍、工程计算尺或机械加法机（adding machine）在数值计算上扮演了辅助角色。“计算器”一词原本指的是以纸笔运行数学计算的职业人士，这样的半手动计算工作既繁重又易出错。现代的电子计算器是能进行数学运算的手持电子机器，拥有集成电路芯片，但结构比电脑简单得多，可以说是第一代的电子计算机（电脑），且功能也较弱，但较为方便与廉价，可广泛运用于商业交易中，是必备的办公用品之一。

（一）计算器的功能

计算器一般由运算器、控制器、存储器、键盘、显示器、电源和一些可选外围设备及电子配件，通过人工或机器设备组成。低档计算器的运算器、控制器由数字逻辑电路实现简单的串行运算，其随机存储器只有一两个单元，供累加存储用。高档计算器由微处理器和只读存储器实现各种复杂的运算程序，有较多的随机存储单元以存放输入程序和数据。键盘是计算器的输入部件，一般采用接触式或传感式。除显示计算结果外，还常有溢出指示、错误指示等。计算器电源采用交流转换器或电池，电池可用交流转换器或太阳能转换器再充电。为节省电能，计算器都采用 CMOS 工艺制作的大规模集成电路。

1. 计算器的种类

（1）按电子计算器的运算功能，电子计算器大致可以分为以下几种类型。

①简易型：只有加、减、乘、除运算功能，可作一般计算使用。

②普通型：除能完成四则运算外，还可以进行开平方和百分比等多种运算。这种电子计算器应用最为广泛。

③函数型：能进行三角函数、反三角函数、对数、指数等运算，以及各种应用计算，主要供科技人员、大学生使用。

④专用型：能根据特殊需要完成特定功能。如用于记载和核算家庭收支情况，提高中学生的运算能力等。

⑤程控型：这是一种比较复杂的电子计算器，可通过磁卡片编制程序，能求解代数和函数方程，完成较复杂的运算。

（2）按电子计算器的显示器位数，可以分为 8 位、10 位、12 位、14 位等多种类型。

2. 计算器的功能

对普通工作者来说，普通型计算器即可满足日常的工作需要，市面上的计算器种类繁多，功能也不尽相同，在很多基础性的功能方面是基本一致的。本书以图 2－12 中的夏普计算器为例（图 2－13 所示为该计算器的常用功能键），进行计算器功能的介绍。

图 2－12

图 2－13

（1）电源键。

①开启键［ON/C/AC］：电源开启，在运算中按一次清除输入错误，按两次则清除记忆总和外所有数据。

②关闭键［OFF］：按键后切断电源，显示器为空白，不设置［OFF］键的计算器可自动关机。

（2）显示器：是输出装置，把计算结果显示出来。

（3）输入键。

①数字输入键［1］［2］［3］［4］［5］［6］［7］［8］［9］［0］用来输入数字，输入的顺序是从高位到低位，按一次键，输入一位数字。

②小数点键［.］用来输入小数。未按此键前输入的数据是整数，按此键后输入的数据是小数。

（4）运算键。

①加号键［＋］进行基本加法和连加的运算。

②减号键［－］进行基本减法和连减的运算。

③乘号键［×］进行基本乘法和连乘的运算。

④除号键［÷］进行基本除法和连除的运算。

⑤等号键［＝］在两项数字相加、相减或相乘、相除后按此键，可得出计算结果；作乘幂运算时，可在按［×］键后，连续按此键即得出结果。加、减、乘、除键都可代替等号键。

⑥开平方键［$\sqrt{\ }$］进行开平方运算。按此键后不必再按等号键，即可得出结果。

⑦百分数键［%］进行百分数运算和加减或折扣的运算。按此键后不必再按等号键，即可得出结果。

⑧累计键包括累加键［M＋］和累减键［M－］，它们是把输入的数或中间计算结果进行累加、累减。

⑨［→］右移键（屏幕值向右位移；删除最右边尾数）。

（5）累计显示键［MR］是把累计存储结果的数字显示出来。

（6）消除键。

①总消除键［C］是把显示器上所显示的数字全部消除，但不消除存储的累计数字。

②部分消除键［CE］是消除运算键后的数，或当即输入的数。在运算时输入 75 + 42 后，发现 42 应更改为 48，则按［CE］键将 42 消除掉，只需再输入 48 即可完成计算。［CE］消除键也不能消除累计存储数。

③累计数消除键［MC］是把累计数消除掉，只能消除存储器中的数字，但不能消除显示器上的数字。它与［C］键同时使用，才能把显示器上的数字消除掉，使显示器显示为“0”。

（7）［MU］损益运算键。例如，成本为 100 元的商品，若想获得 30% 的利润，售价的快速计算可用 100 ÷ 30 ［MU］ = 142.86。利用［MU］进行利率计算时，2000［MU］20% = 2000/（1 - 20%） = 2500，2000［MU］［±］20% = 2000/（1 + 20%） = 1666.7。

（8）［00］快速增“0”键（按一下，同时出现两个“0”）。

3. 计算器的优点

计算器广泛应用，它具有以下优点。

（1）操作简便。

（2）运算速度快，准确性强。

（3）有较好的通用性。

（4）成本低。

（5）携带性、稳定性好。

4. 计算器使用注意事项

（1）电子计算器的外壳，一般都是塑料制成的，内部是大规模集成电路。所以要妥善保管，不宜受到重的敲、压或震动。

（2）使用完毕后，应及时关闭电源放在阴凉，干燥处，如长时间不用，应取出电池，以防电池老化出水而腐蚀计算器的内部结构。

（3）当电池将要用完时，显示屏的显示变得暗淡，有的显示错误运算结果。这时应更换新电池。调换电池时，要把旧电池全部换掉，不可部分更换。

（4）计算器不要放在温度忽高忽低或温度高、湿度大的地方；也不要放在灰尘多的地方，特别要注意防止金属粉末进入机体。

（5）计算器除尘时，要用柔软的干布轻轻揉擦，不可用溶液洗刷或湿布擦。

（6）使用计算器前，要首先阅读该机的使用说明，查明该机各功能键的功能、使用方法及操作程序；否则会出现运算错误。

（7）计算器的适应温度为 0°C ~ 40°C。不要超出适应温度使用，以确保机器的正常运行。超出适应温度、机件受损，运算会出现错误。

（8）使用计算器接通电源开关后，在输入数据前要先按清除键，将计算器中存储的数据全部消除后再进行运算。

（9）按键的速度不能超过显示屏显示的速度，否则会漏输数据，造成计算错误。

（10）使用计算器的过程中，按键不要用力过猛，或长时间按键不离手，也不要同时按下两个功能键，以防损坏部件，造成故障。

（二）计算器的操作指法

1. 计算器录入的标准姿势

标准的计算器录入姿势应当能使人长时间、舒适地进行录入工作，既有利于身体健康又给人以美感。

（1）坐姿。上半身应保持颈部直立，使头部获得支撑，两肩自然下垂，上臂贴近身体，手指弯曲呈90°。操作小键盘，尽量使手腕保持水平姿势，手掌中线与前臂中线应保持一条直线。下半身腰部挺直，膝盖自然弯曲呈90°，并维持双脚着地的姿势。不要交叉双脚，或单脚立地，以免影响血液循环。身体姿势如图2－14所示。

图2－14

（2）物品摆放。计算器录入需要以下物品：计算器、计算资料、笔。在摆放这些物品之前要注意保持桌面干净、平整。

计算器及计算资料的摆放要合适，将计算器置于右手处，计算资料平摊放在左手处，始终保持身体的中轴位置，如图2－15所示。

图2－15

（3）手势。右手腕与手肘成一条直线，手指弯曲自然适度，轻松放于基本键上，如图 2－16 所示。在操作时不要将手腕置于桌面上，这样有利于减少操作时因摩擦对手腕腱鞘等部位的损伤。敲击键盘时用力轻松适中为好，不要用腕力而尽量靠臂力做，减少手腕受力。

图 2－16

（4）握笔。运算时养成良好的握笔习惯，以提高工作效率。下面介绍三种握笔方法，可根据计算内容及个人情况选择。

①右手握笔：以小拇指和大拇指握笔为主，当小拇指按键时大拇指握笔，当大拇指按键时小拇指握笔，以便及时记录计算结果，节省拿、放笔的时间。如图 2－17 和图2－18 所示。

图 2－17

图 2－18

②左手握笔：以小拇指和无名指将笔勾住，使之横握在手心；需要用笔书写时，换右手书写，写完后恢复左手握笔。

③不握笔：一般不采用这种方法，只在计算传票时，将笔置于计算器与传票之间，如图 2－19 所示。

图 2－19

2. 计算器输入数字的指法

（1）指法定位。数字录入指法：中指放在数字键5（此键是基准键）上，食指放在数字键4上，无名指放在数字键6上，食指按0、1、4、7四个键，中指按00、2、5、8四个键，无名指按．、3、6、9四个键，小拇指按－、＋、×、÷、%、＝……键，大拇指按0键或者是夹笔，中指按过其他键后要自然回到基准键上，其余手指按过其他键后要自然收回靠近中指。数字键4、5、6、0称为原位键。如图2－20所示。

图2－20

（2）正确的敲键方法。

①手型：手指要保持弯曲，手要形成勺状。

②击键：不要用手触摸键，击键时手指尖垂直向键位使用冲击力，力量要在瞬间爆发出来，并立即反弹回去。也就是敲键时，手抬起，相应的手指去敲键，不可按键或压键。敲键之后手指要迅速回到基本键。敲键速度要均匀，有节奏感，用力不可太猛。大家初学打字，首先要讲究敲键准确，其次再求速度。

③节奏：敲击键盘要有节奏，击上排键时手指伸出，击下排键时手指缩回，击完后手指立即回至原始基准位。

④力度：击键的力度要适中，过轻则无法保证速度，过重则容易疲劳。

⑤分工：各个手指分工明确，各守岗位，不能越到别的区域去敲键。

（3）指法练习方法。基本指法练习，也就是对数字键的练习。基本指法练习的最终目的是实现键盘盲打。

①中排键练习——第一步是从食指到小拇指，逐个指头击键三次，然后用拇指击0键，寻找指法和手感，揣摩击键的方法。第二步，配合练习软件按照屏幕的提示，实行盲打，寻找正确的键位，直到能够盲打为止。

②上排键练习——在进行上排键的练习前一定要掌握中排键的击键方法，并按照中排键的击键练习步骤进行。

③下排键练习——下排键的练习方法与上排键的练习相同，在中排键的基础上进行。最后可以混合三排键进行练习。

（三）课堂实训

数字键输入训练，具体操作：看、记、能够用盲打的方式找出相应数字键的位置。

数字输入训练一

46465　454655　45466　4455 665656　65465　444655 4654　445645　56456　5566　5466　5464　5656455　66645　654466　5454664　458　4566565　4045　660604505　045650580　06504400　54　46000　600　054665　50055　00640

数字输入训练二

48648　9546　87884　4879640　876500　89465　07580　8795　406458　7845654　897654　86785495　06874569　47850　786940　698754　58465　87954　65874858

876898　740680　7789456　549808　5076090　870580　964798　897654　87899　546879540　687054　95764

数字输入训练三

11638484　453377201　121085321　362147　159073121　324938745　39724　1917342　193832　27346945　4562113　0983212　111540　651234　56789　0528　0640　8709632　1432122　8735　5781268　7431　967137　419432　86714　198761　8745464　56　5454565

数字输入训练四

从1开始，即1+2+3+……+100=5050中间过程及结果如下（见表2-2）：

表2-2

加到的数	10	20	24	36	44	55	66	77	89	95	100
和数	55	210	300	666	990	1540	2211	3003	4005	4560	5050

【任务小结】

本任务重点介绍了计算器的常用功能和计算器的基本指法，要求学生通过规范的学习训练逐步实现盲打，为后续学习打好基础。

【考核】

课后训练：

1. 运用计算器进行求和训练

（1）练习一

第1组	第2组	第3组	第4组	第5组
52	57	86	73	99
26	93	12	13	743
19	42	39	18	64
74	36	34	46	821
83	61	76	29	514
96	25	29	49	38
81	74	58	64	758
76	28	31	52	496
45	45	89	54	561
37	59	68	76	71

（2）练习二

第1组	第2组	第3组	第4组	第5组
369	5867	428	7951	6824
4027	219	509	1593	715
1835	470	8637	648	433
463	8930	4695	984	9307
7894	7263	6017	9524	7662
104	138	7534	3170	739
7684	9074	9518	348	1482
418	519	1834	961	347
2589	5017	782	4762	296
4217	483	6482	236	9871

（3）练习三

第1组	第2组	第3组	第4组	第5组
79513	63480	845912	87162	65312
59467	42761	760843	534128	87034
60384	57923	435761	69073	29461
75160	491380	186364	629413	845912
46970	78246	695421	975936	760835
499751	725913	147432	137218	34762
64812	47695	873165	90432	902413
25483	4920807	549312	65158	65701
146722	71462	84233	41025	573492
33967	846751	249375	456278	61434

2. 功能键实际操作训练

$4 \times 5 + 5 \times 6 + 6 \times 7 + 7 \times 8 = ?$

$4 \times 5 + 5 \times 6 - 6 \times 10 = ?$

3. 银行柜员张明为客户李丽办理现金存入业务，其中一百元的76张，五十元的87张；二十元的64张；十元的53张；五元的41张；一元的32张；五角的91枚硬币；一角的55枚硬币。请利用计算器帮助张明快速计算出总金额。

任务2-2　传票算

【案例引入】

营业日终了，柜员王杉进行会计凭证的汇总核算。

【学习任务】

账表算与传票算是会计、出纳、统计等日常工作的主要业务，在实际工作中应用极其广泛，掌握其操作技术是银行工作的一项极为重要的基本功，也是行业竞赛的主要项目。

在经济业务中，企业部门的会计核算、统计报表、财务分析、计划检查等业务活动，其报表资料的数字来源都是通过会计凭证的计算、汇总而获得的。这些会计凭证的汇总即传票运算，其运算速度及结果准确与否，直接影响到各个项目业务活动数据的可靠性、及时性；而报表、汇总表均属于表格计算，通过这些报表汇总运算，取得有效数字，从而为有关部门制定政策提供数字依据。可见账表算和传票算是财会工作者日常工作中的一项很重要的基本功。

随着计算器的广泛使用，传票算的小键盘形式，也日益成为各工商企业（收银员），金融业（柜员）处理日常业务的基本方式，小键盘数字录入的快速与准确，也成为评判从业者业务素质高低的标准之一。为此，学习和训练传票算、账表算是非常必要的。

（一）账表算

账表算又称表格算，是日常经济工作中最常见的加减运算形式。会计报表的合计、累计、分组算等均属于此类运算。账表算和传票算一样，属于金融技能比赛项目，它可以根据其本身计算特点检验出运算正确与否，所以许多计算者又利用账表算进行加减准确程度的训练。

1. 账表算的操作方法

运算时把账表放在计算器下面，左手指数，并随着计算把题单向上推，使其计算的行数尽量与计算器的距离接近，以便看数、输入 、抄写答数能快速进行。账表算的运算方法来源于加减法，只要加减法的基本功扎实，就比较容易轧平账表。

（1）物品位置。计算器和报表尽量接近，以便看数、敲键、抄写答数能快速进行。

（2）功能键的设定。由于账表算均为整数，所以可以将功能键 F420A 定位在 0。

（3）眼手的配合。看数：计算器运算，首先遇到的是看数，看数快与准直接影响到以后的计算速度和准确率，最好开始时就养成一眼一笔数的好习惯，如果不能这样，也可以分节看数，分解次数越少越有利于运算速度的提高。

账表算中的横向算题因平时练习较少，较好的方法是“钟摆式”，即第一题→、第二题←、第三题→、第四题←、第五题→。左手指数（小拇指指第一组数，无名指指第二组数，中指指第三组数，第四、第五组数不用手指，直接眼看）。

看数时应注意以下问题：

①尽量缩短计算资料离键盘的距离。

②看数时切忌念出声。

③看数时头不要上下或左右摆动。

（4）记录答案。计算完毕，将小键盘上的答案记录下来，这是运算的最后一个环节。表面上看抄写数字与计算关系不大，但一道题的正确与否，除取决于运算是否正确以外，还与抄写数字有较大的关系。一是数字抄写是否正确、清晰、整齐；二是抄写是否快捷。

在运算过程中，要养成笔不离手的习惯，写数时，应在准的基础上求快。要养成盯盘写数的好习惯，这就要锻炼眼睛捕捉盘上数字的能力。当一道题计算完毕，眼睛盯盘，在确定写数位置后，一笔数就从高位到低位很快写完。写数时从高位到低位连同小数点和分节号要一次写完，切不可写完数后再点小数点和分节号，以免出错而且效率低。

2. 账表算训练（如表2-3所示）

表2-3

账表算						
	一	二	三	四	五	合计
一	780126	45931	6175	83295047	4609723	
二	1047	90283675	8360952	47961	-126834	
三	53026894	402756	81073	2135789	5163	
四	7819546	7182	63210597	603594	49825	
五	25084	6309217	395148	2906	81730642	
六	179305	70641	4286	30468591	5368297	
七	5093	19863274	7081564	40826	495173	
八	74208391	280531	46398	-1584267	2097	
九	9012648	7953	8153	276845	43106	
十	28736	4908635	284056	1704	29035871	
十一	607153	92784	17490328	69204351	7420698	
十二	1879	43156809	3107642	51043	798561	
十三	80324196	720643	81974	2105769	9835	
十四	5608471	4698	40293157	-750923	61854	
十五	24593	5327146	680715	8567	94018325	
十六	658147	61498	1092	70139258	6274053	
十七	4236	13705289	4057319	82769	-190485	
十八	19780643	781425	63091	3715284	5926	
十九	3956124	5804	79426583	930124	81067	
二十	78269	6130529	675294	6831	17042538	
合计						

账表算计算方法较多，要求快速、准确，无论是横式算题，还是竖式算题都要手、眼、脑相结合。训练时应注意以下几个方面。

（1）看数。看数是关键，应经常进行看数练习，在账表计算中，除练习竖式加减题看数外，还要特别注意练习横式算题看数。因横式算题所占比重较大，直接影响运算速度，只有横向看数熟练了才能做到按键顺畅有序、干净利落。

（2）准确率。运算时精力要集中，并增强排除干扰的能力，特别是比赛时做到临场不乱，稳定情绪不急躁，才能防止差错，把表轧平。

（3）书写速度。因账表写数较多，要特别注意练习盯显示器写数，提高写数速度与质量。

（4）准中求快。练习时出现错误要及时查明原因。正确处理快与准的关系，做到在准确的基础上求快。

（二）传票算

传票算也称为凭证汇总算，它是对各种单据、发票和记账凭证进行汇总计算的一种方法，一般应用计算器或电脑小键盘来完成汇总运算。

1. 传票的分类

传票按是否装订，可分为订本式传票和活页式传票两种。

（1）订本式传算。日常练习中，传票本是练习传票算的依据。订本式传票本，一般每本为 100 页，每页的右上角印有阿拉伯数字表示页码，每页传票上有五笔（行）数字，每行数字前自上而下依次印有（一）、（二）、（三）、（四）、（五）的标志，“（一）”表示第一行数，“（二）”表示第二行数，依此类推。每行最高位数有七位数字，最低位数有四位数字。如图 2－21 所示。

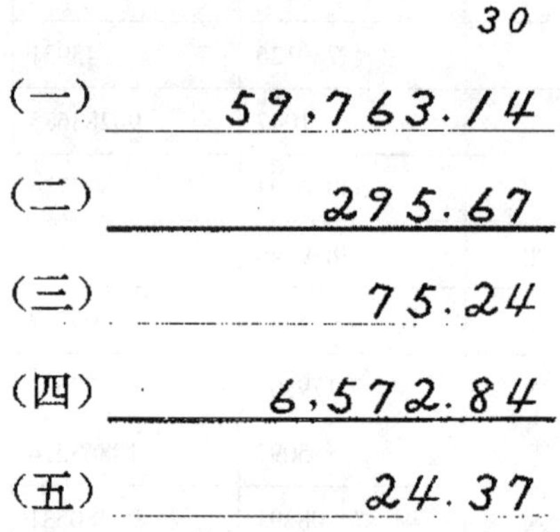

30

（一）59,763.14

（二）295.67

（三）75.24

（四）6,572.84

（五）24.37

图 2－21

（2）活页式传票。活页式传票本，也叫对角传票。一般每本为 100 页，每页的右上角印有英文字母和阿拉伯数字表示页码，每页传票上左侧右侧各有五行数字，每行一般不超过 7 位数字。如图 2－22 所示。

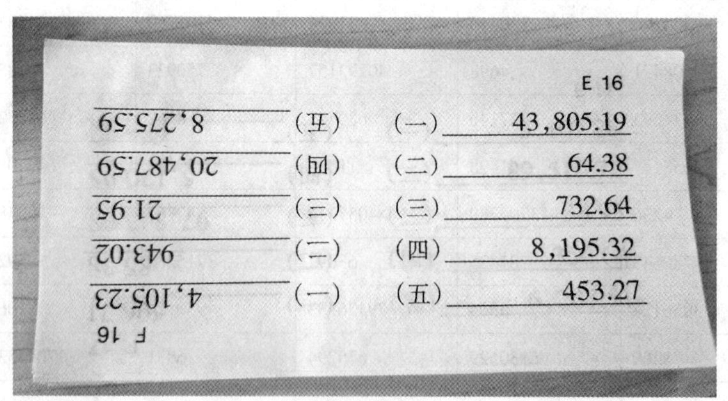

图 2－22

2. 传票算的运算要求

根据传票算的运算特点，计算时除用算盘或小键盘外，另需一张传票算试题答案纸，传票算一般每二十页为一题。以活页式传票为例，如表 2－4 所示，第一题要求从 E 组第三十七页起，运算到五十六页截止，“（二）”表示把每页第二行数字累加起来，然后将结果填写在答案栏中。

表 2－4

题号	起讫页数	笔数	答案
1	E37～56	（二）	
2	E57～76	（三）	
3	E41～60	（一）	
4	E3～22	（四）	
5	E16～35	（三）	
6	F64～83	（四）	
7	F72～91	（一）	
8	F61～80	（二）	
9	F62～81	（一）	
10	F63～82	（四）	

3. 传票算的具体运算步骤与方法

（1）整理传票本。传票运算时左手要翻页（打一页翻一页），为了提高运算速度加快翻页的动作，避免翻重页或漏页的现象，运算前除了应检查传票本有无缺页、重页或数字不清晰以外，还需将传票本捻成扇面形状。

捻成扇面的方法是：用左手握住传票的左下角，拇指放在传票封面的上部，其余四指放在传票本背面；右手握住传票的右上角，拇指放在传票封面的上部，其余四指放在传票本背面，左右手协调配合向胸前方向捻动，形成扇形后，用票夹将传票本左上角夹住，以固定扇面。扇面形状的大小依需要而定，不宜过大，一般封面与封底外侧上角偏出最大距离应在 1～2cm，否则左手翻动起来不方便。

（2）调整计算器的功能键。小数点选位键 F420A 定位在 2。因为传票算都是含有角分的金额单位，一般都是两位小数，所以通过定位就可以省去计算时反复按小数点，同时最后的答案也能够自然保留两位小数。

（3）传票本的摆放位置。如果使用计算器计算，传票本可摆放左侧，计算器在右侧，答题纸放在中间，具体摆放的位置以看数和计数方便为宜。

如果使用小键盘计算，传票本应放在左边，答题纸应放在中间（传票本应压住答题纸，以不影响看题、写数为宜）。

（4）传票本的翻页、找页、记页。

①翻页的方法。左手小拇指、无名指和中指放在传票本左下方，食指、拇指放在每题的起始页，用拇指的指肚处轻轻靠住传票本应翻起的页码，翻上来后食指配合拇指把翻过的页码夹在中指与食指的指缝中间以便拇指继续翻页。左手翻页和右手按键计算要同时进行，每翻动一页，均迅速将数输入盘中，票页也不易掀得过高，角度越小越好，以能看清数据为宜。

②找页的方法。找页是传票算的基本功之一，由于传票试题在拟题时并不按自然顺序，而是相互交叉，这就需要在运算过程中前后找页。例如，第二题的题目是第 28 页到第 47 页第三行，当第二题计算完毕，在写数清零的同时，必须用眼光看下一题的起始页，然后左手迅速翻找，当第二题答案计算完毕，清零后即可进行下一道题运算。找

页应刻苦练习，首先练习手感，如传票每本 100 页，厚度是多少？用手翻找 15 页、30 页、50 页、70 页各有多厚？经过一段时间的刻苦练习，自然就有了手感基础。其次要求能迅速准确地找出各题起始页，如一次未能翻到，再用左手略作调整。总之，找页动作要经过刻苦练习，达到找页准确迅速，不影响右手按键运算。

③记页的方法。传票算除翻页外还需要记页，传票计算每题由二十页组成，为避免在计算中发生超页或打不够页的现象，必须在计算过程中默记打了多少次，记到第二十次时核对该题的起止页，立即书写答数。记页在边翻页边计算中较难记住，所以平时要加强训练。在训练中，运算的数据不要默念，只是凭数字的字形反应直接指挥手指输入，心理只需默记页数，如此反复练习，就会习惯记页。

④计算方法。拇指夹笔计算。首先将捻成扇面的传票，翻到要计算的开始页，然后左手一边翻页，右手一边输入，直到计算完毕。

4. 课堂训练。按照翻打传票的基本方法进行下列实训操作：

（1）计算百张传票各行 1 ~ 20 页合计数；

（2）计算百张传票各行 21 ~ 40 页合计数；

（3）计算百张传票各行 41 ~ 60 页合计数；

（4）计算百张传票各行 61 ~ 80 页合计数；

（5）计算百张传票各行 81 ~ 100 页合计数；

（6）计算百张传票各行 1 ~ 100 页合计数。

【任务小结】

本任务介绍了应用计算器或电脑小键盘进行账表算和传票算的方法，在上一个任务计算器指法训练的基础上，实现翻打传票的快速准确运算。

【考核】

课后训练：

1. 完成下列账表算试题。

账表算（一）						
	一	二	三	四	五	合计
一	65241938	83174	6473	593268	7508263	
二	109863	6529417	51840329	70426	9546	
三	24509	3208	236047	1392047	90743128	
四	1876245	84069537	19825	7598	-628759	
五	7054	590326	8560791	62385014	43021	
六	985346	4238159	62038147	41708	5934	
七	39285	7265	759803	8230947	85049367	
八	5013492	60128579	9672	-3296	172839	
九	1075	310497	1547293	75514326	95604	
十	61850437	65083	8406	901865	9126078	

续表

	一	二	三	四	五	合计
十一	25971	2759	290184	4590682	31469207	
十二	8370592	17059263	16209	7184	283569	
十三	6471	98435	7129546	62594073	80512	
十四	39062814	17694	5830	－329147	1275483	
十五	406583	3680241	85760394	60531	6704	
十六	3819756	15208793	29643	3285	179356	
十七	1247	481267	6420178	97014356	30829	
十八	92530764	93056	9517	460197	－7426051	
十九	401857	1836547	12085639	28309	8436	
二十	29068	2095	841053	6820475	52801467	
合计						

账表算（二）						
	一	二	三	四	五	合计
一	57280	7096213	953481	3609	10437286	
二	903517	10746	6248	54681930	3562978	
三	5093	81476539	4601587	－60824	495137	
四	94710835	580321	82694	7845162	7209	
五	8641029	5973	78490321	267485	40361	
六	24163	4096835	285046	1074	72089153	
七	310756	84729	3285	40679531	－4802679	
八	5897	18693540	1730462	53240	197685	
九	64293108	267034	81947	8195627	5938	
十	1506287	8496	53017492	279503	84561	
十一	25493	7124659	580671	7056	39521048	
十二	786415	89146	9023	35206198	6274530	
十三	4236	95271830	1047539	82971	－190845	
十四	70169483	485271	30691	5147238	5269	
十五	2546391	4058	48293756	301692	16708	
十六	62789	1932605	765294	4831	73805124	
十七	170268	53491	1567	40598723	4267039	
十八	4017	80729563	8923506	64197	126483	
十九	59680234	640725	10783	－7981523	3176	
二十	4759681	1827	60271935	409365	94528	
合计						

账表算（三）						
	一	二	三	四	五	合计
一	71820439	4307	10729	524680	3091475	
二	83741	5103698	371986	5048	94506137	
三	67205398	671245	4637015	79483	-5283	
四	420835	4260873	94850	8206	68234057	
五	5074	97528	5081627	92145768	190284	
六	9730452	18603452	8013	237591	38296	
七	6209847	5196	794251	83642710	79061	
八	21478	208345	39406527	-7038294	1642	
九	136894	63294	3762	1506478	59628471	
十	85209146	5912078	98105	7134	250713	
十一	592680	9503	64109258	68703	5037468	
十二	1608395	91607438	420763	39278	5246	
十三	5173	178246	6592378	95062483	70314	
十四	2601	5910823	84605	39608271	-895467	
十五	62908453	41938	295843	1532407	1703	
十六	379041	39407186	4902	89520	9548137	
十七	65873	5021	5903674	215789	47109256	
十八	2813769	67285	27194386	3954	268390	
十九	51476	90471536	8134	-698135	6320819	
二十	9213	984267	85926713	7054968	68095	
合计						

账表算（四）						
	一	二	三	四	五	合计
一	90145	2841367	804326	5895	61530798	
二	31072	7023945	659483	8649	78296031	
三	7296804	5173	95021876	406532	41289	
四	83715296	190836	46721	9530246	5078	
五	8137	94026175	2658493	42068	-251793	
六	913578	45298	30491578	29764831	3016475	
七	36085	7094851	137269	1347	80253691	
八	8294673	6095	4602	246589	30267	
九	16032748	350284	91568	-7031895	4591	
十	8259	54083167	7014386	19247	601294	
十一	605942	12769	9543	68037251	7120845	
十二	70465	1803974	750324	1762	29013658	
十三	1097234	6283	17034652	704819	56849	
十四	82741596	390254	89741	1590236	4073	
十五	4021	40139568	1958327	-57064	982367	
十六	392645	73296	7082	67035981	4208135	
十七	6059834	1627	25381907	310578	-63294	
十八	20816479	580412	90567	2945037	4176	
十九	7563	89347621	5402891	12803	379564	
二十	184395	20756	1603	85294137	5204678	
合计						

账表算（五）						
	一	二	三	四	五	合计
一	3718	78420563	2948536	80126	531294	
二	98176253	179608	70692	3298014	8075	
三	1704982	7135	95781026	-510362	62591	
四	50291	6473281	468203	2956	90173684	
五	638459	50123	3018	91823547	8205467	
六	7236	97341682	4092581	42083	493675	
七	29401768	564109	54726	7506439	7834	
八	5910473	6784	80275938	380157	-82493	
九	61052	3094257	694083	4835	71903628	
十	698203	29478	1736	70831964	8130256	
十一	4236	59013286	4375291	65097	721938	
十二	37145692	693504	61749	-6908531	4309	
十三	1704528	8267	83075124	280479	26598	
十四	35706	1096382	407235	9214	18503629	
十五	490854	34178	2934	41075836	7420187	
十六	68709412	750243	85196	3290765	1475	
十七	3627945	2095	40379815	843172	-40637	
十八	30685	6109542	162973	7421	86021945	
十九	817963	94275	5061	58491637	3910567	
二十	4859	68107935	1704836	62759	405217	
合计						

账表算（六）						
	一	二	三	四	五	合计
一	780126	45931	6175	83295047	4609723	
二	1047	90283675	8360952	47961	-126834	
三	53026894	402756	81073	2135789	5163	
四	7819546	7182	63210597	603594	49825	
五	25084	6309217	395148	2906	81730642	
六	179305	70641	4286	30468591	5368297	
七	5093	19863274	7081564	40826	495173	
八	74208391	280531	46398	-1584267	2097	
九	9012648	7953	8153	276845	43106	
十	28736	4908635	284056	1704	29035871	
十一	607153	92784	17490328	69204351	7420698	
十二	1879	43156809	3107642	51043	798561	
十三	80324196	720643	81974	2105769	9835	
十四	5608471	4698	40293157	-750923	61854	
十五	24593	5327146	680715	8567	94018325	
十六	658147	61498	1092	70139258	6274053	
十七	4236	13705289	4057319	82769	-190485	
十八	19780643	781425	63091	3715284	5926	
十九	3956124	5804	79426583	930124	81067	
二十	78269	6130529	675294	6831	17042538	
合计						

账表算（七）						
	一	二	三	四	五	合计
一	23475986	1069	38056	612480	4723095	
二	7598	842351	50849237	7023165	61409	
三	12043	96054718	4065	-351682	9126378	
四	9834725	13284	97530482	9130	541067	
五	90142	9706	4069123	568743	82650743	
六	693207	60237845	5861	17986	6178052	
七	84756130	42579	273596	8130294	-3968	
八	7568	9158460	17408	62593781	534021	
九	3197	670284	9540231	25169408	65370	
十	5614239	16743902	309862	78534	1085	
十一	248560	5239	60174958	83267	6092743	
十二	68129045	8367154	41726	9043	-837592	
十三	947218	90825	7835	4623017	76241903	
十四	70843	169480	10329578	6029541	6217	
十五	3126570	3725	530189	54791068	48296	
十六	7652831	73021468	6472	-345297	82541	
十七	6073	98152	4182936	9362	724869	
十八	180964	4690573	67451	20538749	19450382	
十九	92809654	317208	3279160	70495	9753	
二十	43709	5964723	248951	6581	68930521	
合计						

账表算（八）						
	一	二	三	四	五	合计
一	980364	71052	5861	80794263	5137209	
二	8012	41269378	3406759	68375	204981	
三	79265134	905763	40127	1420598	-8126	
四	8493510	7129	68437052	205836	14798	
五	58762	5470982	813409	9380	62371845	
六	170498	12479	5263	68395124	9507368	
七	7956	82540361	3274806	10542	243187	
八	30419267	715048	36924	-7048165	8295	
九	8752496	8173	17265890	436529	41039	
十	19205	5264398	920875	7164	80136475	
十一	405319	84726	4098	37128506	9057263	
十二	7403	31560298	1526983	-79420	495761	
十三	28791356	739580	34106	1024856	9406	
十四	9274108	1405	93502864	732698	27815	
十五	81035	2603549	682471	6932	34609157	
十六	208463	34790	7519	78169423	-8025961	
十七	6328	40719256	9130487	31579	278406	
十八	42037861	138645	59721	8170495	5320	
十九	9134725	2068	10725463	905781	37946	
二十	75469	2693871	851379	4073	50213684	
合计						

账表算（九）						
	一	二	三	四	五	合计
一	9582	36810475	7603184	45297	140296	
二	405269	62791	4593	70531628	2854107	
三	65074	9173048	350742	2176	35180962	
四	9024137	2683	65207134	-798041	46598	
五	75169428	562039	49871	5316920	7043	
六	1042	80193465	3725198	60574	683297	
七	254396	49276	7802	79108653	4025183	
八	8430659	2167	18953027	785031	-39462	
九	64197208	850214	67905	5937042	1763	
十	3567	69172843	8192054	30821	465839	
十一	394185	65207	1603	72945138	7206541	
十二	40519	1786432	604832	3895	81950637	
十三	21073	9245703	465398	8496	32168709	
十四	8640729	3175	90678521	253064	82491	
十五	59172368	863019	24176	-6540293	7508	
十六	7831	27506941	5968234	62048	-195237	
十七	135978	94528	4026	81396274	5430176	
十八	83056	7185409	763192	7431	61295048	
十九	7942683	9056	40198375	985124	62307	
二十	32670148	248503	56198	6013789	9451	
合计						

2. 完成下列传票算试题。

传票实训题（一）

题号	起讫页数	行数	答案
1	24～43	（三）	
2	39～58	（五）	
3	42～61	（一）	
4	55～74	（四）	
5	62～81	（四）	
6	73～92	（一）	
7	80～99	（五）	
8	31～50	（三）	
9	20～39	（二）	
10	48～67	（四）	
11	6～25	（五）	

续表

题号	起讫页数	行数	答案
12	12 ~ 31	(四)	
13	40 ~ 59	(三)	
14	54 ~ 73	(四)	
15	36 ~ 55	(三)	
16	69 ~ 88	(四)	
17	46 ~ 65	(五)	
18	11 ~ 30	(一)	
19	21 ~ 40	(二)	
20	21 ~ 40	(三)	

传票实训题（二）

题号	起讫页数	行数	答案
1	44 ~ 63	(二)	
2	46 ~ 65	(一)	
3	19 ~ 38	(四)	
4	23 ~ 42	(三)	
5	8 ~ 27	(五)	
6	71 ~ 90	(二)	
7	41 ~ 60	(一)	
8	9 ~ 28	(四)	
9	53 ~ 72	(三)	
10	34 ~ 53	(五)	
11	14 ~ 33	(四)	
12	21 ~ 40	(五)	
13	4 ~ 23	(二)	
14	65 ~ 84	(四)	
15	56 ~ 75	(一)	
16	32 ~ 51	(二)	
17	45 ~ 64	(三)	
18	14 ~ 33	(四)	
19	18 ~ 37	(五)	
20	41 ~ 60	(一)	

传票实训题（三）

题号	起讫页数	行数	答案
1	72～91	（二）	
2	44～63	（二）	
3	73～92	（五）	
4	80～99	（一）	
5	16～35	（三）	
6	57～76	（一）	
7	33～52	（四）	
8	23～42	（二）	
9	28～47	（五）	
10	69～88	（一）	
11	21～40	（二）	
12	78～97	（三）	
13	22～41	（一）	
14	41～60	（四）	
15	9～28	（二）	
16	8～27	（三）	
17	1～20	（五）	
18	20～49	（一）	
19	19～38	（二）	
20	7～26	（四）	

传票实训题（四）

题号	起讫页数	行数	答案
1	1～20	（二）	
2	56～75	（三）	
3	3～22	（一）	
4	78～97	（五）	
5	21～40	（二）	
6	51～70	（四）	
7	16～35	（一）	
8	45～64	（三）	
9	19～38	（二）	
10	20～39	（五）	
11	53～72	（四）	
12	46～65	（一）	
13	15～34	（二）	
14	8～27	（三）	
15	4～23	（二）	
16	26～46	（五）	
17	34～53	（四）	
18	23～42	（一）	
19	21～40	（二）	
20	14～33	（三）	

传票实训题（五）

题号	起讫页数	行数	答案
1	44～63	（三）	
2	71～90	（五）	
3	7～26	（四）	
4	14～33	（二）	
5	57～76	（一）	
6	73～92	（五）	
7	72～91	（一）	
8	53～72	（三）	
9	23～42	（四）	
10	8～27	（二）	
11	44～63	（五）	
12	33～52	（三）	
13	55～74	（二）	
14	9～28	（一）	
15	28～47	（四）	
16	47～66	（三）	
17	31～50	（二）	
18	69～88	（五）	
19	66～85	（三）	
20	54～73	（四）	

传票实训题（六）

题号	起讫页数	行数	答案
1	46～65	（一）	
2	20～39	（三）	
3	25～44	（五）	
4	16～35	（二）	
5	26～45	（四）	
6	51～70	（二）	
7	56～75	（四）	
8	4～23	（五）	
9	31～50	（二）	
10	57～76	（四）	
11	69～88	（一）	
12	23～42	（四）	
13	18～37	（三）	
14	28～47	（五）	
15	29～48	（四）	
16	37～58	（三）	
17	8～27	（四）	
18	15～34	（一）	
19	21～40	（四）	
20	7～26	（二）	

传票实训题（七）

题号	起讫页数	行数	答案
1	45～64	（三）	
2	16～35	（五）	
3	56～75	（一）	
4	9～28	（四）	
5	34～53	（四）	
6	57～76	（一）	
7	69～88	（五）	
8	68～87	（三）	
9	77～96	（二）	
10	66～85	（四）	
11	54～73	（五）	
12	73～92	（四）	
13	53～72	（三）	
14	80～99	（四）	
15	61～80	（三）	
16	1～20	（四）	
17	20～39	（五）	
18	26～45	（一）	
19	32～51	（二）	
20	22～41	（三）	

传票实训题（八）

题号	起讫页数	行数	答案
1	3～22	（一）	
2		（二）	
3		（三）	
4		（四）	
5		（五）	
6	45～64	（一）	
7		（二）	
8		（三）	
9		（四）	
10		（五）	
11	23～42	（一）	
12		（二）	
13		（三）	
14		（四）	
15		（五）	
16	66～85	（一）	
17		（二）	
18		（三）	
19		（四）	
20		（五）	

传票实训题（九）

题号	起讫页数	行数	答案
1	56～75	（一）	
2		（二）	
3		（三）	
4		（四）	
5		（五）	
6	19～38	（一）	
7		（二）	
8		（三）	
9		（四）	
10		（五）	
11	78～97	（一）	
12		（二）	
13		（三）	
14		（四）	
15		（五）	
16	8～27	（一）	
17		（二）	
18		（三）	
19		（四）	
20		（五）	

传票实训题（十）

题号	起讫页数	行数	答案
1	44～63	（一）	
2		（二）	
3		（三）	
4		（四）	
5		（五）	
6	33～52	（一）	
7		（二）	
8		（三）	
9		（四）	
10		（五）	
11	25～44	（一）	
12		（二）	
13		（三）	
14		（四）	
15		（五）	
16	46～65	（一）	
17		（二）	
18		（三）	
19		（四）	
20		（五）	

项目三
结算客户账户利息

能力目标：

1. 能够快速准确计算活期储蓄、整存整取、零存整取，单位活期存款、单位定期存款、各类贷款的利息。

2. 针对具体的银行业务产品，能够熟练区别使用不同的计息方法，并能使用计算器快速计算出各种存、贷款利息。

3. 能够解答客户对于利息计算的相关疑难问题。

知识目标：

1. 了解《储蓄管理条例》第 23 条至第 27 条和《人民币单位存款管理办法》第 12 条至第 19 条中对于计息的规定。

2. 熟悉逐笔计息和积数计息的方法，掌握利息计算的基本公式。

3. 掌握快速计算银行各类储蓄存款、单位存款和贷款利息的技巧与方法。

4. 能够准确、快速、熟练对各种存、贷款利息计算问题加以区别，选择适合的计息方法。

素质目标：

培养认真严谨的工作态度和刻苦钻研的职业精神，在快速处理各项计息业务时不出任何差错和遗漏。

关键词：逐笔计息法　积数计息法

知识结构图

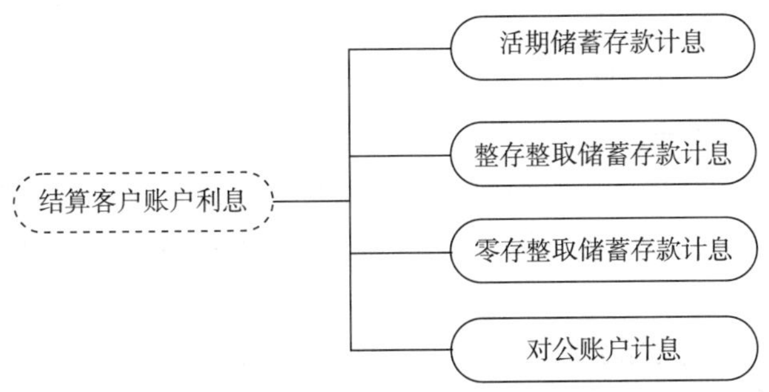

任务3－1　活期储蓄存款计息

【案例引入】

客户李莉持活期储蓄存折来到银行柜台要求销户，请计算客户李莉的活期储蓄存款账户利息。

【学习任务】

（一）活期储蓄存款的计息方法

银行主要采用积数计息法和逐笔计息法计算利息。积数计息法便于对计息期间账户余额可能会发生变化的储蓄存款计算利息。因此，银行主要对活期性质的账户采取积数计息法计算利息，例如活期存款。活期储蓄存款按季度结息，每个季度最后一个月的20日为结息日，利率按结息日挂牌活期储蓄存款利率计算，如表3－1所示。

积数计息法就是按实际天数每日累计账户余额，以累计积数乘以日利率计算利息的方法。计算公式为：

$$利息 = 累计计息积数 \times 日利率$$

$$累计计息积数 = 每日余额合计数$$

表3－1　　　　人民币存款利率

银行	活期存款	定期存款（整存整取）						零存整取、整存零取、存本取息			通知存款	
		三个月	半年	一年	二年	三年	五年	一年	三年	五年	一天	七天
中央银行	0.350	1.100	1.300	1.500	2.100	2.750	2.750	—	—	—	—	—
工商银行	0.300	1.350	1.550	1.750	2.250	2.750	2.750	1.350	1.550	1.550	0.550	1.100
农业银行	0.300	1.350	1.550	1.750	2.250	2.750	2.750	1.350	1.550	1.550	0.550	1.100
建设银行	0.300	1.350	1.550	1.750	2.250	2.750	2.750	1.350	1.550	1.550	0.550	1.100
中国银行	0.300	1.350	1.550	1.750	2.250	2.750	2.750	1.350	1.550	1.550	0.550	1.100
交通银行	0.300	1.350	1.550	1.750	2.250	2.750	2.750	1.350	1.550	1.550	0.550	1.100
招商银行	0.300	1.350	1.550	1.750	2.250	2.750	2.750	1.350	1.550	1.550	0.550	1.350
中信银行	0.300	1.400	1.650	1.950	2.400	3.000	3.000	1.400	1.650	1.650	0.550	1.100
光大银行	0.300	1.400	1.650	1.950	2.410	2.750	3.000	1.400	1.650	1.650	0.550	1.100

注：中央银行基准利率为2015年10月24日中央银行公布的数据。

（二）活期储蓄存款计息实训

活期储蓄存款的利息计算可以根据在客户账页上存款户发生变动时，按上次最后余额乘以该余额的实存天数，即为积数，待结息日计算出积数合计，以积数乘以利率，即得出应付利息数。

［例］　储户李莉活期储蓄存款账户变动情况如表3－2所示（单位：人民币元），银行计算该储户活期存款账户利息时，按实际天数累计计息积数，按适用的活期储蓄存

款利率计付利息。

表 3－2

日期	存入	支取	余额	计息期	天数	计息积数
2018. 01. 02	10000		10000	2018. 01. 02—2018. 02. 02	32	32 × 10000 = 320000
2018. 02. 03		3000	7000	2018. 02. 30—2018. 03. 10	36	36 × 7000 = 252000
2018. 03. 11	5000		12000	2018. 03. 11—2018. 03. 20	10	10 × 12000 = 120000
2018. 03. 20			12000			

银行每季度末月 20 日结息，2018 年 3 月 20 日适用的活期存款利率为 0. 35% 。

因此，到 2018 年 3 月 20 日营业终了，银行计算该活期存款的利息为：

利息 = 累计计息积数 × 日利率

= （320000 + 252000 + 120000） × 0. 35% /360

= 6. 73（元）

【任务小结】

本任务重点介绍了如何应用积数计息法计算活期储蓄存款利息，要注意计息期的计算方法和活期储蓄的计息规定。

【考核】

课后训练：

储户张沙的账户变动情况如表 3－3 所示，请计算 6 月 20 日的应付利息。

表 3－3　　利率：0. 30%

日期	支取	存入	余额
2018 年 4 月 25 日		10000. 00	10000. 00
2018 年 5 月 10 日	5000. 00		5000. 00
2018 年 5 月 30 日		2000. 00	7000. 00
2018 年 5 月 31 日	3000. 00		4000. 00
2018 年 6 月 10 日		10000. 00	14000. 00
2018 年 6 月 20 日	14000. 00		0. 00

【拓展】

◇ 知识链接 1

《储蓄管理条例》——第四章　储蓄存款利率和计息

第二十二条　储蓄存款利率由中国人民银行拟订，经国务院批准后公布，或者由国务院授权中国人民银行制定、公布。

第二十三条　储蓄机构必须挂牌公告储蓄存款利率，不得擅自变动。

第二十四条　未到期的定期储蓄存款，全部提前支取的，按支取日挂牌公告的活期储蓄存款利率计付利息；部分提前支取的，提前支取的部分按支取日挂牌公告的活期储蓄存款利率计付利息，其余部分到期时按存单开户日挂牌公告的定期储蓄存款利率计付利息。

第二十五条　逾期支取的定期储蓄存款，其超过原定存期的部分，除约定自动转存的外，按支取日挂牌公告的活期储蓄存款利率计付利息。

第二十六条　定期储蓄存款在存期内遇有利率调整，按存单开户日挂牌公告的相应的定期储蓄存款利率计付利息。

第二十七条　活期储蓄存款在存入期间遇有利率调整，按结息日挂牌公告的活期储蓄存款利率计付利息。全部支取活期储蓄存款，按清户日挂牌公告的活期储蓄存款利率计付利息。

第二十八条　储户认为储蓄存款利息支付有错误时，有权向经办的储蓄机构申请复核；经办的储蓄机构应当及时受理、复核。

任务3－2　整存整取储蓄存款计息

【案例引入】

客户李莉在本行开立的六个月整存整取定期储蓄存款到期，请为客户计算利息。

【学习任务】

（一）整存整取定期储蓄存款的计息方法

银行对于整存整取储蓄存款一般采用逐笔计息法来计算利息。逐笔计息法是按预先确定的计息公式逐笔计算利息的方法。

1. 逐笔计息法计息公式

$$本金 \times 时期 \times 利率 = 利息$$

2. 计息公式基本要素

（1）本金。本金对于存款来说，就是存款的金额。对于贷款来说，如为逐笔核贷、利随本清的贷款，“本金”就是该次归还的额度；如为定期计息的贷款，“本金”即贷款余额。

不论存款还是贷款，其计息的起点均以元为单位，元以下角分不计利息。利息金额算至分位，分以下尾数四舍五入。

（2）时期。时期是指存款的实际时间或贷款的使用时间。时期计算采取算头不算尾的基本方法，即存款存入日起息，支取日止息；贷款发放日起息，归还日止息。例如，某笔贷款5日发放，10日即归还，计息时间为5日、6日、7日、8日、9日五天，10日归还日不应算入。

计算时期的时候一般有两种方法，一是采用对年、对月、对日的计算方法，例如2017年1月5日存入一年期整存整取储蓄存款，到期日为2018年1月5日。若到期日为该月所没有的，以月底为到期日，不另计利息。

［例1］5月31日存入6个月整存整取定期储蓄存款，到期日应为11月30日；8月

31 日、30 日、29 日存入的定期半年，到期日都是 2 月 28 日（闰月为 29 日）。

［例 2］2 月 29 日（系月底日）存入定期半年，则应以同年 8 月 29 日为到期日。

定期储蓄存款的到期日如遇节假日（系统统一维护），客户于节假日的前一天办理支取，则视同到期日按实际存期计算利息；其操作程序视同提前支取办理。

计算时期的第二种方法是按实际天数计算，即需要考虑大月 31 天、小月 30 天、平月 28 天等情况来计算实际天数。在具体计算计息时间时，要按照实际工作要求或题目要求，考虑不同的计息方法中，有不同的规定和要求。

（3）利率。利率为一定时期内利息额同存入或贷出本金的比率，是衡量利息水平高低的指标。其计算公式为：利率 = 利息额/本金。

目前我国正处于利率市场化的进程当中，由中国人民银行制定并公布基准利率，各商业银行可以根据经营情况在央行基准利率的基础上进行上下浮动。

利率按计息期长短有年利率、月利率和日利率之分。在计息时，应注意时间单位与利率单位相吻合。如计息时间为“天数”，利率应使用“日利率”；计息时间为“月数”，利率应使用“月利率”；计息时间为“年数”，利率则使用“年利率”。年利率（%）、月利率（‰）、日利率（‱）三种利率之间的换算为：

年利率 = 月利率 × 12 = 日利率 × 360

月利率 = 年利率 ÷12 = 日利率 × 30

日利率 = 月利率 ÷30 = 年利率 ÷360

3. 采用逐笔计息法时，银行在不同情况下可选择不同的计息公式。

（1）计息期为整年（月）时，计息公式为：

利息 = 本金 × 年（月）数 × 年（月）利率

（2）计息期有整年（月）又有零头天数时，计息公式为：

利息 = 本金 × 年（月）数 × 年（月）利率 + 本金 × 零头天数 × 日利率

（3）计息期全部化成天数的计算公式为：

利息 = 本金 × 实际天数 × 日利率

其中实际天数按照“算头不算尾”的原则确定，为计息期间经历的天数减去 1。逐笔计息法便于对计息期间账户余额不变的储蓄存款计算利息，因此，银行主要对定期存款账户采取逐笔计息法计算利息。

（二）整存整取储蓄存款计息实训

［例］客户李莉 2018 年 3 月 1 日存款 20000 元，定期整存整取六个月，当时六个月定期整存整取储蓄存款的年利率为 1.55%，①若客户在到期日（即 9 月 1 日）支取，利息是多少？②若客户于 9 月 9 日过期支取，利息是多少？（9 月 9 日活期存款年利率为 0.30%）

①这笔存款计息为 6 个月，属于计息期为整年（月）的情况，银行可选择“利息 = 本金 × 年（月）数 × 年（月）利率”的计息公式。

利息 = 20000 × 6 ×（1.55% ÷12）= 155.00（元）

②客户过期支取，存期既有整月，又有零头天数，计算时依据公式：利息 = 本金 × 年（月）数 × 年（月）利率 + 本金 × 零头天数 × 日利率

需要注意的是超期部分应采用支取日挂牌公布的活期存款利率计息。

利息 = 20000 × 6 × （1.55% ÷ 12） + 20000 × 8 × （0.30% ÷ 360） = 156.33（元）

【任务小结】

本任务重点学习了整存整取定期储蓄存款的利息计算，需要注意在应用逐笔计息法时利率的换算及计息期的规定。

【考核】

1. 2018 年 2 月 21 日，储户张亮的一笔半年期整存整取定期储蓄存款到期，该储户存入时半年期整存整取定期储蓄存款年利率为 1.65%，存款金额为 70000 元。

（1）计算 2018 年 2 月 21 日的到期利息。

（2）计算 2018 年 3 月 15 日客户过期支取的利息（支取日活期存款年利率为 0.30%）。

（3）计算 2018 年 1 月 10 日客户提前支取的利息（支取日活期存款年利率为 0.30%）。

2. 完成下列计息题目。

《金融技能》——储蓄利息计算练习题（1）						
支取日：2017.07.15		活期利率：0.35%				保留 2 位小数
序号	开户日	存期	年利率%	到期日	本金	利息
1	2015.07.15	2 年	4.125		32500	
2	2017.05.09	6 个月	3.08		40000	
3	2015.11.10	1 年	3.3		36000	
4	2017.05.25	3 年	4.675		50000	
5	2015.12.09	2 年	4.125		19200	
6	2016.05.07	2 年	2.79		33060	
7	2016.01.01	3 年	4.675		23480	
8	2017.04.22	1 年	3.3		56000	
9	2016.11.05	1 年	3.3		92000	
10	2016.02.28	3 个月	1.71		7800	
11	2016.06.08	3 年	3.33		23400	
12	2014.06.28	6 个月	3.05		200700	
13	2014.07.16	3 年	5		24900	
14	2015.10.23	6 个月	3.08		6650	
15	2016.04.09	1 年	2.25		56800	
16	2015.10.18	3 个月	2.86		25000	
17	2016.07.04	5 年	3.6		36600	
18	2014.07.13	1 年	3.5		50000	
19	2016.03.16	6 个月	1.98		23640	
20	2014.06.20	3 个月	2.85		1960	

《金融技能》——储蓄利息计算练习题（2）						
支取日：2018. 01. 25		活期利率：0. 30%				保留2位小数
序号	开户日	存期	年利率%	到期日	本金	利息
1	2015. 02. 20	1年	2. 25		27800	
2	2016. 02. 28	1年	3. 3		57000	
3	2017. 12. 07	1年	3. 3		19000	
4	2015. 02. 28	2年	2. 79		69800	
5	2015. 03. 10	3年	3. 33		1870	
6	2015. 03. 30	5年	3. 6		78900	
7	2016. 09. 01	6个月	1. 98		64000	
8	2016. 02. 20	6个月	3. 08		15400	
9	2017. 06. 18	3年	4. 675		57800	
10	2016. 03. 08	2年	4. 125		15600	
11	2016. 08. 25	3个月	1. 71		64200	
12	2014. 08. 10	1年	3. 5		50000	
13	2014. 07. 20	3个月	3. 1		91000	
14	2014. 07. 25	6个月	3. 3		52460	
15	2016. 03. 27	3年	4. 675		6000	
16	2017. 05. 20	1年	3. 3		76300	
17	2016. 02. 18	3个月	2. 86		34600	
18	2017. 05. 31	6个月	3. 08		59000	
19	2014. 08. 25	2年	4. 4		68700	
20	2014. 09. 01	3年	5		46200	

《金融技能》——储蓄利息计算练习题（3）						
支取日：2016. 11. 20		活期利率：0. 38%				保留2位小数
序号	开户日	存期	年利率%	到期日	本金	利息
1	2015. 05. 07	1年	2. 25		27800	
2	2015. 05. 26	2年	2. 79		65700	
3	2015. 06. 29	5年	3. 6		55800	
4	2016. 05. 21	1年	3. 3		31500	
5	2016. 12. 25	1年	3. 3		80000	
6	2015. 06. 03	3年	3. 33		140000	
7	2016. 06. 25	6个月	3. 08		35000	
8	2014. 09. 28	6个月	3. 3		65000	
9	2014. 10. 28	2年	4. 4		87500	
10	2015. 04. 07	3个月	1. 71		34000	
11	2016. 04. 15	6个月	3. 08		15740	

续表

序号	开户日	存期	年利率%	到期日	本金	利息
12	2015.01.13	3年	5		200700	
13	2016.07.25	3年	4.675		127500	
14	2015.04.20	6个月	1.98		157800	
15	2014.10.18	1年	3.5		3100	
16	2014.09.25	3个月	3.1		48700	
17	2016.05.24	2年	4.125		90000	
18	2016.04.05	3个月	2.86		10000	
19	2016.05.28	3年	4.675		23640	
20	2016.06.07	1年	3.3		15700	

《金融技能》——储蓄利息计算练习题（4）						
支取日：2016.10.18		活期利率：0.38%				保留2位小数
序号	开户日	存期	年利率%	到期日	本金	利息
1	2015.09.01	5年	3.6		57200	
2	2015.07.28	6个月	1.98		4500	
3	2015.07.22	3个月	1.71		6000	
4	2016.07.26	3年	4.675		45000	
5	2016.07.20	1年	3.3		90000	
6	2016.09.29	1年	3.3		75700	
7	2016.06.03	3个月	2.86		45700	
8	2015.08.28	3年	3.33		62000	
9	2016.07.26	6个月	3.08		78800	
10	2015.03.13	3年	5		9800	
11	2015.08.02	1年	2.25		15400	
12	2015.02.29	1年	3.5		71300	
13	2016.06.18	1年	3.3		71200	
14	2015.08.15	2年	2.79		98700	
15	2016.07.23	2年	4.125		13000	
16	2015.02.11	6个月	3.3		84000	
17	2015.03.07	2年	4.4		12460	
18	2015.01.27	3个月	3.1		65600	
19	2016.06.04	6个月	3.08		13800	
20	2016.08.25	3年	4.675		3000	

《金融技能》——储蓄利息计算练习题（5）						
支取日：2017. 06. 07		活期利率：0. 35%				保留 2 位小数
序号	开户日	存期	年利率%	到期日	本金	利息
1	2015. 10. 01	1 年	2. 25		87000	
2	2015. 05. 13	2 年	4. 4		42100	
3	2015. 03. 18	3 个月	3. 1		54200	
4	2015. 09. 28	3 个月	1. 71		65000	
5	2016. 08. 28	6 个月	3. 08		687200	
6	2015. 04. 11	1 年	3. 5		54300	
7	2016. 09. 25	2 年	4. 125		42400	
8	2015. 10. 18	3 年	3. 33		54000	
9	2015. 06. 08	3 年	4. 65		63000	
10	2016. 11. 11	3 年	4. 675		78000	
11	2015. 11. 09	5 年	4. 2		21000	
12	2015. 09. 29	6 个月	1. 98		49000	
13	2015. 10. 07	2 年	2. 79		98000	
14	2017. 01. 04	1 年	3. 3		132000	
15	2017. 02. 28	6 个月	3. 08		456000	
16	2016. 09. 01	1 年	3. 3		1320	
17	2017. 03. 26	3 年	4. 675		54000	
18	2016. 08. 12	3 个月	2. 86		41500	
19	2017. 04. 08	1 年	3. 3		123000	
20	2015. 03. 31	6 个月	3. 3		10000	

《金融技能》——储蓄利息计算练习题（6）						
支取日：2018. 02. 03		活期利率：0. 30%				保留 2 位小数
序号	开户日	存期	年利率%	到期日	本金	实付利息
1	2015. 12. 24	2 年	3. 25		8910	
2	2015. 07. 16	3 年	4. 675		46000	
3	2014. 01. 09	3 年	4. 15		3400	
4	2017. 08. 29	1 年	3. 3		5400	
5	2017. 10. 26	3 年	4. 675		4600	
6	2016. 10. 01	3 个月	2. 86		42000	
7	2015. 12. 18	1 年	2. 5		47000	
8	2017. 12. 26	1 年	3. 3		34000	
9	2015. 07. 15	2 年	4. 125		87800	
10	2015. 11. 28	3 个月	1. 91		25000	
11	2017. 02. 07	3 年	4. 675		64000	

续表

序号	开户日	存期	年利率%	到期日	本金	实付利息
12	2014. 01. 25	5 年	4. 55		54000	
13	2016. 10. 15	6 个月	3. 08		58000	
14	2017. 09. 19	6 个月	3. 08		13000	
15	2015. 12. 05	6 个月	2. 2		87000	
16	2015. 07. 10	1 年	3. 3		55000	
17	2015. 06. 10	6 个月	3. 3		84500	
18	2015. 06. 09	3 个月	3. 1		54100	
19	2016. 10. 26	1 年	3. 3		6500	
20	2016. 11. 05	2 年	4. 125		51000	

《金融技能》——储蓄利息计算练习题（7）						
支取日：2017. 11. 09		活期利率：0. 35%				保留 2 位小数
序号	开户日	存期	年利率%	到期日	本金	利息
1	2015. 07. 23	1 年	3. 3		62100	
2	2017. 01. 11	2 年	4. 125		23200	
3	2015. 07. 26	3 年	4. 675		25600	
4	2017. 02. 18	6 个月	2. 8		5900	
5	2018. 02. 28	1 年	3		87800	
6	2018. 01. 31	3 个月	2. 25		94200	
7	2015. 07. 18	3 个月	2. 86		68400	
8	2017. 03. 28	3 年	4. 675		65410	
9	2014. 03. 01	2 年	3. 9		87400	
10	2015. 07. 20	6 个月	3. 08		9800	
11	2014. 03. 10	3 年	4. 5		57000	
12	2015. 07. 25	2 年	4. 125		10000	
13	2014. 03. 18	5 年	5		47800	
14	2017. 01. 09	1 年	3. 3		61650	
15	2017. 09. 20	1 年	3. 3		57820	
16	2017. 11. 07	3 年	4. 675		25500	
17	2017. 10. 02	6 个月	3. 08		38600	
18	2017. 02. 28	6 个月	3. 08		57400	
19	2016. 12. 07	3 个月	2. 86		80000	
20	2016. 12. 24	1 年	3. 3		5000	

《金融技能》——储蓄利息计算练习题（8）						
支取日：2017.08.31		活期利率：0.36%				保留2位小数
序号	开户日	存期	年利率%	到期日	本金	利息
1	2017.03.22	1年	3.3		82300	
2	2015.07.27	3个月	2.86		3210	
3	2017.03.27	2年	4.125		35000	
4	2017.02.09	3个月	2.86		57000	
5	2017.05.24	1年	3.3		54500	
6	2014.05.28	2年	4.15		10000	
7	2015.09.28	2年	4.125		28480	
8	2016.05.13	1年	3.25		56000	
9	2017.06.28	1年	3.3		72000	
10	2015.10.17	3年	4.675		9800	
11	2017.04.26	3年	4.675		21400	
12	2017.07.18	3年	4.8		21500	
13	2015.08.25	6个月	3.08		21000	
14	2017.08.18	6个月	3.08		1000	
15	2015.08.28	1年	3.3		24000	
16	2017.04.18	6个月	3.08		35700	
17	2014.06.15	3年	4.75		30100	
18	2014.06.18	5年	5.25		5400	
19	2018.05.12	6个月	3.05		8000	
20	2018.03.25	3个月	2.6		60800	

任务3-3　零存整取储蓄存款计息

【案例引入】

客户李莉来到银行咨询零存整取定期储蓄存款的利息收益情况，请为客户解答。

【学习任务】

（一）零存整取储蓄存款的计息方法

零存整取是银行定期储蓄的一种基本类型，是指储户在进行银行存款时约定存期、每月固定存款、到期一次支取本息的一种储蓄方式。零存整取储蓄存款本金每月是变化的，但却是有规律的变化，所以一般我们有两种方法来计算零存整取储蓄存款的利息。

1. 日积数计息法。零存整取定期储蓄存款利息计算可以采用日积数计息法，其计算公式为：

$$利息=累计日积数\times日利率$$

2. 固定基数计息法。固定基数计息法适用于储户每月存入固定本金，中途不漏存，并到期支取的零存整取定期储蓄利息计算，其计算公式为：

利息 = 每月固定存款额 × 固定基数 × 利率（月）

1 年期固定基数 = 12 ×（12 + 1）÷ 2 = 78

3 年期固定基数 = 36 ×（36 + 1）÷ 2 = 666

5 年期固定基数 = 60 ×（60 + 1）÷ 2 = 1830

零存整取定期储蓄存款逾期支取应付利息计算公式为：

利息 = 存款余额（月存金额 × 存入次数）× 逾期天数 × 支取日活期储蓄存款利率（日）

（二）零存整取储蓄存款计息实训

［例 1］储户孙静于 2017 年 6 月 8 日开立 1 年期零存整取定期储蓄存款账户，每月定期存入 1000 元，于 2018 年 6 月 8 日到期支取，假设存款利率为 1.71%。请计算实付利息。

解：其利息计算（可直接使用固定基数计息法）为：

利息 = 1000 × 78 × 1.71% ÷ 12 = 111.15（元）

［例 2］储户张娜的零存整取定期储蓄存款账户如表 3 – 4 所示。

表 3 – 4　零存整取定期储蓄存款分户账

账号：00103000000808　　户名：张娜

期限：1 年　　利率：1.8%

日期	摘要	存入	余额	天数	日积数	累计日积数
2016.09.10	开户	100.00	100.00	23	2300	2300
2016.10.03	续存	100.00	200.00	43	8600	10900
2016.11.15	续存	100.00	300.00	23	6900	17.800
2016.12.08	续存	100.00	400.00	28	11200	29000
2017.01.05	续存	100.00	500.00	41	20500	49.500
2017.02.15	续存	100.00	600.00	48	28800	78300
2017.04.04	续存	200.00	800.00	31	24800	103100
2017.05.05	续存	100.00	900.00	34	30600	133700
2017.06.08	续存	100.00	1000.00	28	28000	161700
2017.07.06	续存	100.00	1100.00	40	44000	205700
2017.08.16	续存	100.00	1200.00	26	31200	236.900

若该储户于 2017 年 9 月 10 日到期支取，请计算支付给储户的利息。

解：利息计算为：

含税应付利息 = 236900 × 1.8% ÷ 360 = 11.845 ≈ 11.85（元）

【任务小结】

本任务重点学习了零存整取定期储蓄存款的利息计算，需要注意积数计息法和固定基数计息法的应用。

【考核】

完成下列计息题目

《金融技能》——零存整取储蓄利息计算练习题（1）						
						保留2位小数
序号	开户日	存期	年利率（%）	到期日	每月存入金额	利息
1	2014.07.20	3年	3.3		80	
2	2017.02.28	1年	2.85		100	
3	2016.06.20	1年	2.85		25	
4	2013.05.01	3年	1.98		90	
5	2013.08.02	3年	1.98		50	
6	2013.12.18	3年	2.2		300	
7	2016.08.20	5年	3		450	
8	2014.11.10	5年	3.5		500	
9	2013.07.26	1年	1.71		150	
10	2013.09.25	5年	2.25		180	
11	2014.03.13	1年	2.6		200	
12	2015.10.26	5年	3		80	
13	2017.08.28	1年	2.85		100	
14	2015.07.28	1年	2.85		25	
15	2014.02.28	3年	2.8		90	
16	2017.05.26	1年	2.85		50	
17	2013.06.08	5年	2.25		300	
18	2016.07.23	3年	2.9		450	
19	2013.04.26	1年	1.71		500	
20	2017.09.23	3年	2.9		150	

《金融技能》——零存整取储蓄利息计算练习题（2）						
						保留2位小数
序号	开户日	存期	年利率（%）	到期日	每月存入金额	利息
1	2017.12.09	1年	2.6		80	
2	2017.11.09	3年	2.9		100	
3	2016.10.08	3年	2.9		25	
4	2014.01.25	5年	2.75		90	
5	2014.03.18	5年	3		50	
6	2017.04.25	1年	2.85		300	
7	2015.11.05	1年	2.85		450	
8	2014.05.13	1年	2.85		500	

续表

序号	开户日	存期	年利率（%）	到期日	每月存入金额	利息
9	2017.06.28	3年	2.9		150	
10	2015.02.07	1年	3.1		180	
11	2016.09.05	1年	2.85		200	
12	2017.03.29	3年	2.9		80	
13	2016.12.15	5年	3		100	
14	2015.03.27	3年	3.3		25	
15	2016.05.28	5年	3		90	
16	2015.05.27	5年	3.5		50	
17	2016.02.18	3年	2.9		300	
18	2013.10.02	1年	1.71		450	
19	2015.08.04	3年	2.9		500	
20	2017.07.15	1年	2.85		150	

【拓展】

◇ 知识链接2

随着利率市场化的推进，各商业银行在计算存款利息时，可能存在差异。利息差异主要来源于几个方面：一是商业银行在政策允许范围内可对存款利率上下浮动，各商业银行存款利率可能不同，储户在存款时应了解具体的存款利率水平，选择合适的银行；二是计结息规则不同，因复利因素造成利息差异；三是利息计算方法不同也会导致利息差异，如定期存款是采用整年整月加零头天数还是按存期实际天数计算利息即会导致利息差异。人民银行规定，商业银行应将存款计结息规则和计息方法告知客户，客户也可向银行咨询相关信息，以便自主选择银行办理储蓄业务。

◇ 知识链接3

银行存款利息计算方法实例

小张毕业后来到一个陌生的大城市准备找工作，2014年1月2日，他先到银行办理了银行卡和存折，存入自己原来积攒的10000元钱（活期存款1元即可开户），这就是活期储蓄存款。经过一段时间的奔波，他找到了一份工作，时间也到了2014年2月3日，要开始正式上班的小张取了3000元钱用于吃饭逛街来庆祝。转眼间一个月过去了，小张也领到了属于自己的第一份工资5000元，工资直接打到之前开办的银行卡上。

从上面大家应该能看到活期储蓄很灵活，随存随取，可是余额处于不断变化之中，利息怎么计算呢？银行采用的是一种叫积数计息法的方法，所谓积数计息法就是按照实际天数每日累计账户余额，以累计积数乘以日利率计算利息的方法。积数计息法的计算公式如下：利息＝累计计息积数×日利率，其中累计计息积数＝账户每日余额合计数，日利率＝年利率÷360。

表 3-5

日期	存入	支取	余额	计息期	天数	计息积数
2014.01.02	10000		10000	2014.01.02-2014.02.02	32	32×10000=320000
2014.02.03		3000	7000	2014.02.03-2014.03.10	36	36×7000=252000
2014.03.11	5000		12000	2014.03.11-2014.03.20	10	10×12000=120000
2014.03.20			12000			

上面的表格是小张这段时间的活期储蓄账户资金变化情况，由于银行每季度末月20日结息，因此我们只计算到2014年3月20日营业终了，银行该付给我们的利息（假定2014年3月20日适用的活期存款年利率为0.36%）。由于在活期储蓄过程中，有过存取钱的记录，因此分为表格中的几个区间，累计计息积数就是各个区间计息积数的和，因此从2014年1月2日到2014年3月20日，获取的利息总共为：利息=累计计息积数×日利率 =（320000+252000+120000）×（0.36%÷360）=6.92（元）。

通过计算我们发现活期储蓄存款的利息很少，要想获得更多的利息，可以采用下面介绍的几种存款方式。

一、零存整取

工作稳定下来以后，每个月都有了固定的收入，为了迫使自己攒点钱，小张于2014年3月1日去银行办理了零存整取储蓄存款业务，和银行约定每月存入2000元，存期一年。在接下来的一年中，每个月小张都要去银行存入2000元。

零存整取的开户方式和活期相同，只是在开户时需与银行约定每月存储金额和存期，零存整取每月5元起存，每月存入一次，中途如有漏存，应在次月补齐，存期一般分为一年、三年和五年；零存整取计息按实存金额和实际存期计算，具体利率标准按利率表执行。零存整取最重要的在于坚持，每月需要存入一次，中途如有漏存，可于次月补存，但次月未补存者则视同违约，到期支取时对违约之前的本金部分按实存金额和实际存期计算利息；违约之后存入的本金部分，按实际存期和活期利率计算利息。

下面我们来看看零存整取的利息计算方法。活期储蓄采用的是一种叫作积数计息法的算法，活期储蓄使用的是日积数法，零存整取采用的是月积数法，相对于活期的计算要简单得多，计算公式为：利息=月存金额×累计月积数×月利率。其中累计月积数=（存入次数+1）÷2×存入次数，按照这个算法我们可以很容易地算出一年期、三年期和五年期的零存整取的累计月积数分别为：78、666和1830。这样我们就能计算出一年到期的时候，小张能够获得的利息金额了（假定2014年3月1日适用的一年期零存整取储蓄存款年利率为1.71%）。利息=月存金额×累计月积数×月利率 =2000×78×1.71%÷12 =222.30（元）。

二、整存整取

2015年3月1日，小张的一年期零存整取储蓄存款到期，本金和利息一共是24222.30元，为了获取更多的利息，小张拿出一部分钱办理了整存整取业务，存入10000元，存期三年。

整存整取是指约定存期，整笔存入，到期一次支取本息的一种定期储蓄，50元起存，多存不限。存期分三个月、六个月、一年、二年、三年和五年。整存整取提前支取的，按活期储蓄利率计息（也可以部分提前支取）。整存整取储蓄存款的本金、利率和存期都是确定的，利息计算也相对简单，其利息计算公式为：利息 = 本金 × 利率 × 存期。

根据上面公式，三年后存款到期，小张可以获得的利息为（假定2015年3月1日适用的三年期整存整取存款利率为4.5%）：利息 = 本金 × 利率 × 存期 = 10000 × 4.5% × 3 = 1350（元）。

上面介绍的三种储蓄方式，即活期储蓄、零存整取和整存整取是我们生活中比较常用的几种储蓄方式，关于储蓄还有其他几个储种，如定活两便、存本取息、整存零取和通知存款。接下来我们介绍其他几个储种。在此我们只介绍正常情况下的利息计算，其他特殊情况暂时不予考虑。

三、定活两便

定活两便是一个比较灵活的储蓄方式，既有活期的便利，又有定期的利息，是个不错的选择。定活两便50元即可起存，在存款的时候不约定存期，可随时支取，利率根据存款时间的长短来计算。其计息规则为：存期超过整存整取最低档次且在一年以内的，分别按同档次整存整取利率打六折计息；存期超过一年（含一年）的，按一年期整存整取利率打六折计息；存期低于整存整取最低档次的，按活期利率计息。具体如下：

存款天数（天）	同档次整存整取年利率（%）	计息利率（%）
存款天数 < 90		0.40（按活期利率计息）
90 ≤ 存款天数 < 180	2.60	1.56
180 ≤ 存款天数 < 360	2.80	1.68
存款天数 ≥ 360	3.00	1.80

在上表中根据存款天数的不同适用不同的利率，后面三种计息利率都是同档次整存整取利率的60%。因为定活两便是一次性存入，一次性支取，不会涉及资金的变动，利息的计算很简单。定活两便计息公式为：利息 = 本金 × 天数 × 计息利率 ÷ 360。之所以要除以360是因为上表中的计息利率是年利率，需要换算成日利率。

小张发奖金了，刚好10000元，他计划过段时间工作不忙时去买个笔记本电脑，那么这些奖金就可以暂时存个定活两便（2015年3月1日），这样能获得比活期储蓄更多的利息。

经过一阵子的忙碌，时间到了2015年9月6日，小张决定去买笔记本电脑。下面我们来看看这段时间的利息够不够打车钱。利息 = 本金 × 天数 × 计息利率 ÷ 360 = 10000 × 189 × 1.68% ÷ 360 = 88.20（元）。通过合理地选择储蓄品种，小张既获得了一定的利息收益又保持了资金的灵活性。

四、存本取息

存本取息和整存整取有点类似，都属于定期储蓄，不同的地方是存本取息需要一次性存入较大金额，5000 元起存，可以分次支取利息，到期支取本金，存期为一年、三年、五年。储户办理存本取息的时候，需要与银行约定存期以及支取利息的周期，一般一个月或者多个月取一次。需要注意的是，如果提前支取的，会按支取日挂牌的活期利率重新计息，并会在本金中将已分期支付的利息扣回。

下面我们看看存本取息的计息方法，存本取息的全部所得利息的计算和整存整取一样，只是利率要低一点，由于是分次取息，我们还需要计算出每次的利息，这个就要根据与银行约定的支取周期来计算，因此每次支取的利息额计算公式为：利息 = 本金 × 存期 × 利率 ÷ 支取次数。假设存期三年、每月取一次的话，支取次数就是：3 × 12 = 36（次）。我们来计算一下 10000 元存本取息三年后的利息以及每月能支取的利息。

总利息 = 本金 × 存期 × 利率 = 10000 × 3 × 2.8% = 840（元）

每次支取利息 = 总利息 ÷ 支取次数 = 840 ÷ 36 = 23.33（元）

五、整存零取

整存零取是分次支取本金，到期结算利息。整存零取也是一次性存入本金，1000 元起存，存期分为一年、三年和五年，支取周期为一个月、三个月或者半年一次。相同存期的整存零取和存本取息能够获取的利息是一样的，因此利息计算公式也是一样的，整存零取的计息公式为：利息 = 本金 × 期数 × 利率。至于每个支取周期支取多少，这就取决于存款时候的存期以及约定的支取周期了，假设存入 12000 元 1 年期的整存零取，支取周期为一个月，那么共可以支取 12 次，因此每次支取的额度为：12000 ÷ 12 = 1000（元），利息在最后一个支取月的时候一并支付。

六、通知存款

通知存款不用约定存期，只需在支取时提前通知银行，约定支取日期和金额后即可支取。根据提前通知的期限不同，分为一天通知存款和七天通知存款，所谓一天通知存款就是提前一天通知银行。人民币通知存款最低起存、最低支取和最低留存金额均为 50000 元。通知存款的利率要明显高于活期存款利率，但是如果未进行一天或七天预先通知提取的，那么只能按活期储蓄利率计息。通知存款一次性存入，可分多次支取，最低起存 50000 元是指办理通知存款的时候需要一次性存入大于 50000 元的存款，最低支取意味着每次至少要支取 50000 元，最低留存 50000 元意味着如果你取完钱后账户余额不足 50000 元，则不再享受通知存款利率，要按照活期存款计息。

通知存款的利息计算比较简单，先根据是一天通知存款还是七天通知存款来确定利率，再计算存款的天数，然后按计息公式计算利息即可。假设小张于 2014 年 3 月 1 日存入 50000 元通知存款，2014 年 3 月 23 日小张通知银行七天后（2011 年 3 月 30 日）要取款 50000 元，到 30 日小张能获取的利息为（由于是提前七天通知，属于七天通知存款，假定当时年利率为 1.39%）：利息 = 50000 × 30 × 1.39% ÷ 360 = 57.92（元）。而同样的时间，我们可以算出活期储蓄存款利息则只有 16.67 元。

请注意，如果发生如下情况，都将导致全部或者部分存款只能获取活期利息。

1. 实际存期不足通知期限。

2. 未提前通知而支取的，支取部分将按活期计息。

3. 办理通知手续但是提前支取或逾期支取的，支取部分按活期计息。

4. 支取金额不足或超过约定金额的，不足或超过的部分按活期计息。

5. 支取金额不足最低支取金额。

通知存款虽然可以较活期获取更多的利息，但是需要办理通知手续比较麻烦，目前已经有自动转存功能的七天通知存款，即银行根据与储户的约定，按通知存款利率每七天自动结息，并将本息合计金额自动转存为新的通知存款，储户无须预约也可随时支取，且不必担心损失通知存款的利息。当然，并不是每个银行都提供这样的业务，具体的业务内容可以直接咨询银行工作人员，这种智能型的通知存款业务也可以成为银行之间抢客户的一个筹码。

任务3－4　对公账户计息

【案例引入】

2018年6月20日结息日，为开户单位金科电子有限公司结算活期存款账户利息。

【学习任务】

（一）活期存款计息

对公账户活期存款采取按日计息、按季结息的方法，其结息日为每季度末月的20日，21日利息入账。结息期是从上个季度末月21日开始，至本季度末月20日（含）止。如在结息期之前销户，应于销户时计付利息。

活期存款由于存取次数频繁、存款余额经常变动，其利息计算一般采用积数计息法。

利息＝累计计息积数×日利率

计算积数时有两种工具可选择，一是计息余额表，二是乙种分户账。

1. 余额表计息法。余额表是核对总账与分户账余额和计算利息的重要工具，是明细核算的重要组成部分。余额表包括计息余额表和一般余额表两种。

计息余额表适用于计息科目，一般单位的存、贷款业务凡用甲种账户记载的，均可使用计息余额表计息。一般余额表不适用于计息科目。

若采用余额表计息的，应分别科目将各计息分户账的余额逐日逐户抄列在余额表内，如遇节假日或当天未发生业务的，应按上日余额抄列。按月加计余额表未计息累计积数。如遇错账或补记账款时记账日期与起息日期不一致时，还应在余额表“应加积数”或“应减积数”项目中进行调整，并加总本季度的累计未计息积数后，乘以日利率即为应付存款单位的利息额。

［例1］模拟银行开户单位金科电子有限公司截至上月底（2016年5月31日）累计未计息积数为78200000.00元，其活期存款账户余额变动情况如下：6月1日50000.00元、6月3日30000.00元、6月5日60000.00元、6月6日90000.00元、6月7日100000.00元、6月8日220000.00元、6月11日298000.00元、6月12日260000.00元、6月14日360000.00元。根据资料填制计息余额表并于6月20日营业终了计算利

息（活期存款年利率为0.35%）。如表3－6所示。

累计应计息积数＝上月接转积数＋本月应计息积数

＝78200000.00＋4408000.00＝82608000.00

利息＝82608000.00×0.35%÷360

＝803.13（元）

表3－6　　**计息余额表**

利率	0.35%				

日期＼余额＼户名＼账号	831012459613				复核盖章
	金科电子有限公司				
1	50000.00				
2	50000.00				
3	30000.00				
4	30000.00				
5	60000.00				
6	90000.00				
7	100000.00				
8	220000.00				
9	220000.00				
10	220000.00				
10天小计	1070000.00				
11	298000.00				
12	260000.00				
13	260000.00				
14	360000.00				
15	360000.00				
16	360000.00				
17	360000.00				
18	360000.00				
19	360000.00				
20	360000.00				
20天小计	4408000.00				
21					
22					
23					
24					
25					
26					
27					
28					
29					
30					

续表

日期 \ 余额 / 账号 / 户名	831012459613 金科电子有限公司				复核盖章
31					
合计					
应加积数					
应减积数					
本月份应计息积数	4408000.00				
上月结转积数	78200000.00				
累计计息积数	82608000.00				
利息金额	803.13				

[例2] 模拟银行9月计息余额表中的富兴地产有限公司活期存款余额情况如表3－7所示。富兴地产有限公司活期存款至上月底未计息（即6月21日至8月31日的未计息）积数为6000000，9月1－20日的计息积数为1800000，本季度应加积数为20000，应减积数为10000，所以第三季度的计息积数（即上期结息日至9月20日止的累计应计息积数）为7810000（6000000＋1800000＋20000－10000）。则第三季度富兴地产有限公司活期存款的应计利息为：

7810000×0.35%÷360＝75.93（元）

表中“至本月底累计未计息积数”＝3152000－1800000＝1352000

表3－7　　计息余额表

科目名称：　　活期存款　0.35%　　2018年9月

日期 \ 账户	富兴地产有限公司		合计
1	90000.00		
2	100000.00		
3	116000.00		
4	100000.00		
5	90000.00		
6	84000.00		
7	86000.00		
8	125000.00		
9	175000.00		
10	160000.00		
10天小计	1126000.00		
……	……		
20天小计	1800000.00		
……	……		
本月合计	3152000.00		
至上月底未计息积数	6000000.00		
应加积数	20000.00		
应减积数	10000.00		
至结息日累计应计息积数	7810000.00		
至本月底累计未计息积数	1352000.00		
结息日计算利息数	75.93		

2. 账页计息法。账页计息是在单位存款户发生变动时，按上次最后余额乘以该余额的实存天数，即为积数，并分别把日数与积数记入账页上的“日数”和“积数”栏内。如更换账页，应将累计积数过入新账页第一行内，待结息日营业终了，再计算出全季的应计天数和积数合计，以积数乘以利率，即得出应付利息数。

［例3］模拟银行分户账中天天超市活期存款余额情况如表3－8所示。至结息日的累计计息积数为16000＋60000＋37500＋299000＋22500＝435000。则第二季度的利息为：

435000×0.35%÷360＝4.23（元）

表3－8

户名：天天超市　　　　账号：7854356124126　　　　利率：0.35%

2018年		摘要	借方	贷方	借或贷	余额	日数	积数
月	日							
3	21	结息		25.00	贷	2000.00	8	16000.00
3	29	转收		1000.00	贷	3000.00	20	60000.00
4	18	提现	500.00		贷	2500.00	15	37500.00
5	3	委托收款		4000.00	贷	6500.00	46	299000.00
6	18	信汇汇入		1000.00	贷	7500.00	3	22500.00
6	21	结息		4.23	贷	7504.23		435000.00

（二）定期存款计息

单位定期存款利息的计算如下。

1. 计息方法：逐笔计息法。商业银行对单位定期存款通常采取逐笔计息的方法计算利息，即计息时按照对年对月对日方法计算存期，对年按360天/年，对月按30天/月，零头天数（不足一个月）按实际天数计算。

2. 按支取时间的不同，单位定期存款可分为：

（1）到期支取：按存入日挂牌公告的定期利率计息，遇有利率调整不分段计息。到期日为节假日，可在节假日前一天支取。节假日后支取，按过期支取办法办理。

（2）提前支取：提前支取部分则按支取日挂牌公告的活期存款利率计付利息。

（3）逾期支取：逾期支取部分按支取日挂牌公告的活期存款利率计付利息。

［例4］蓝天科技公司存入银行定期存款500000元，定期一年，利率为1.75%，7月10日到期，该单位于8月5日来行支取，支取日活期存款利率为0.30%，其利息计算为：

到期利息＝500000×1×1.75%＝8750.00（元）

过期利息＝500000×26天×0.30%÷360＝108.33（元）

利息合计为8858.33元。

（三）贷款计息

贷款的利息计算通常有两种方法：定期结息和利随本清。定期结息即按季或按月结计利息，一般采用计息余额表或在贷款分户账页上计息。在计息时，按实际天数，先累计出计息积数，再乘以日利率结计利息，其计算方法和单位活期存款计息相同。利随本清是指借款人在借款到期日一次性还清借款本钱和利息，逾期贷款按规定计收罚息，逾期利率一般在借款合同载明的原贷款利率水平上加收30%～50%。贷款计息公式为：

贷款利息＝贷款金额×贷款期限×贷款利率

［例5］金科电子有限公司于2017年3月15日向模拟银行申请了6个月的短期贷款，金额500000.00元，贷款年利率为4.35%，2017年9月15日到期归还，采用利随本清的方法计算贷款利息。

贷款利息＝贷款金额×贷款期限×贷款利率

＝500000.00×6×4.35%÷12

＝10875.00（元）

表3－9　人民币贷款利率

银行	短期贷款		中长期贷款			个人住房公积金贷款	
	六个月（含）	六个月至一年（含）	一至三年（含）	三至五年（含）	五年以上	五年以下（含）	五年以上
中央银行	4.350	4.350	4.750	4.750	4.900	2.750	3.250
工商银行	4.350	4.350	4.750	4.750	4.900	2.750	3.250
农业银行	4.350	4.350	4.750	4.750	4.900	2.750	3.250
建设银行	4.350	4.350	4.750	4.750	4.900	2.750	3.250
中国银行	4.350	4.350	4.750	4.750	4.900	2.750	3.250
交通银行	4.350	4.350	4.750	4.750	4.900	2.750	3.250
招商银行	4.350	4.350	4.750	4.750	4.900	2.750	3.250
中信银行	4.350	4.350	4.750	4.750	4.900	2.750	3.250
光大银行	4.350	4.350	4.750	4.750	4.900	2.750	3.250

注：央行基准利率为2015年10月24日央行公布的数据。

◇ 知识链接4

《人民币单位存款管理办法》

第二章　单位存款及计息

第九条　单位定期存款的期限分三个月、半年、一年三个档次。起存金额为1万元，多存不限。

第十条　金融机构对单位定期存款实行账户管理（大额可转让定期存款除外）。存款时单位须提交开户申请书、营业执照正本等，并预留印鉴。印鉴应包括单位财务专用章、单位法定代表人章（或主要负责人印章）和财会人员章。由接受存款的金融机构给存款单位开出“单位定期存款开户证实书”（以下简称“证实书”），“证实书”仅对存款单位开户证实，不得作为质押的权利凭证。

第十一条　存款单位支取定期存款只能以转账方式将存款转入其基本存款账户，不得将定期存款用于结算或从定期存款账户中提取现金。支取定期存款时，须出具证实书并提供预留印鉴，存款所在金融机构审核无误后为其办理支取手续，同时收回“证实书”。

第十二条　单位定期存款在存期内按存款存入日挂牌公告的定期存款利率计付利息，遇利率调整，不分段计息。

第十三条　单位定期存款可以全部或部分提前支取，但只能提前支取一次。全部提前支取的，按支取日挂牌公告的活期存款利率计息；部分提前支取的，提前支取的部分按支取日挂牌公告的活期存款利率计息，其余部分如不低于起存金额由金融机构按原存期开具新的“证实书”，按原存款开户日挂牌公告的同档次定期存款利率计息；不足起存金额则予以清户。

第十四条　单位定期存款到期不取，逾期部分按支取日挂牌公告的活期存款利率计付利息。

第十五条　金融机构办理大额可转让定期存单业务按照《大额可转让定期存单管理办法》执行。

第三章　单位活期存款、通知存款、协定存款及计息

第十六条　金融机构对单位活期存款实行账户管理。金融机构和开立活期存款账户的单位必须遵守《银行账户管理办法》。

第十七条　单位活期存款按结息日挂牌公告的活期存款利率计息，遇利率调整不分段计息。

第十八条　金融机构开办单位通知存款须经中国人民银行批准，并遵守经中国人民银行核准的通知存款章程。通知存款按支取日挂牌公告的同期同档次通知存款利息计息。

第十九条　金融机构开办协定存款须经中国人民银行批准，并遵守经人民银行核准的协定存款章程。协定存款利率由中国人民银行确定并公布。

【任务小结】

本任务重点介绍了对公账户的存、贷款利息计算方法与应用，要求学生能够熟练掌握，能够在规定的时间内快速准确完成计息任务。

【考核】

课后训练：

1. 模拟银行7月10日收到天籁贸易有限公司交来的定期存单一份要求支取，起存日期为上年3月15日，金额为10000元，存期一年，存入时一年期定期存款利率为3.25%，支取日挂牌活期利率为0.35%。要求计算应付利息。

2. 完成下列对公存、贷款利息计算练习题。

对公存、贷款利息计算练习题（1）					
第1组			第2组		
1. 加计积数计算利息（利率0.36%）			1. 加计积数计算利息（利率0.72%）		
		73691.42			179865.34
		419368.05			371682.54
		9035421.68			3514.52
		23709.84			81652.94
		51476.47			10902.63
		96421.35			2394865.01
		768920.45			536847.21
		4892.36			9038.15
		6753210.98			3256978.52
		7384162.59			39816.72
		3517.50			654179.82
		57491.26			62749.84
		478320.61			498216.30
		1305964.56			975380.24
		253801.46			79065.20
		4901567.23			9275954.63
		453689.02			30687.51
		9642510.37			703142.59
		45648.32			356420.84
		96145.59			35701.82
积数			积数		
利息			利息		
2. 计算下列利息			2. 计算下列利息		
积数	利率	利息	积数	利率	利息
18746529.64	0.36%		69524163.29	0.72%	
1326598.47	0.36%		5246921.67	0.72%	
3. 逐笔计算贷款利息			3. 逐笔计算贷款利息		
（1）2018年1月2日贷款1350000元，利率5.6%，2018年6月12日还清，应收多少利息？			（1）2017年6月15日借6个月期贷款850000元，利率5.6%，2019年2月18日还清，应收多少利息？		
利息：			利息：		
（2）2016年8月1日贷款220000元，利率6.9%，2019年9月12日还清，应收多少利息？			（2）2017年5月11日借一年期贷款800000元，利率6%，2019年5月19日还清，应收多少利息？		
利息：			利息：		

对公存、贷款利息计算练习题（2）					
第1组			第2组		
1. 加计积数计算利息（利率0.42%）			1. 加计积数计算利息（利率0.35%）		
		4790852.31			295473.12
		9801627.53			216349.78
		7830.51			70215468.69
		808192.35			50781.29
		75641.26			264185.39
		8356.49			79408.61
		8905024.17			7064159.53
		2683790.00			235795.46
		4358.89			48795.63
		629715.84			1320.69
		9306184.27			981345.26
		12906.35			874012.95
		1942.35			8390615.47
		815076.59			6028795.35
		74629.52			59872.26
		3289351.38			2579.63
		5947351.05			316097.58
		2706.35			427645.29
		2564158.25			528694.24
		56279.62			3645982.65
积数			积数		
利息			利息		
2. 计算下列利息			2. 计算下列利息		
积数	利率	利息	积数	利率	利息
64523198.09	0.42%		95164328.79	0.35%	
54189254.58	0.42%		1625649.34	0.35%	
3. 逐笔计算贷款利息			3. 逐笔计算贷款利息		
（1）2016年5月19日贷款600000元，利率6.65%，2019年6月23日还清，应收多少利息？			（1）2017年6月15日借一年期贷款850000元，利率6%，2019年1月18日还清，应收多少利息？		
利息：			利息：		
（2）2017年4月13日贷款900000元，利率6.15%，2019年5月1日还清，应收多少利息？			（2）2016年3月21日借三年期贷款700000元，利率6.1%，2019年3月23日还清，应收多少利息？		
利息：			利息：		

对公存、贷款利息计算练习题（3）					
第1组			第2组		
1. 加计积数计算利息（利率0.36%）			1. 加计积数计算利息（利率0.35%）		
		8405763.32			7408531.62
		2143908.63			23951.08
		54237.09			4956712.97
		79841.50			1537.84
		46318.95			342590.17
		659820.37			312874.65
		281634.50			1643258.90
		1902.68			7593.21
		63827.05			1209367.58
		29506.35			63041.85
		984516.23			624798.31
		930561.28			5720.38
		6431897.25			10826.97
		4692.73			38671.05
		3642107.58			208617.39
		7341.20			7089163.42
		512809.36			317460.28
		345867.10			956470.28
		254864.26			397.52
		3542706.91			403897.52
积数			积数		
利息			利息		
2. 计算下列利息			2. 计算下列利息		
积数	利率	利息	积数	利率	利息
67501283.54	0.36%		15209635.45	0.35%	
81509726.56	0.36%		4879053.48	0.35%	
3. 逐笔计算贷款利息			3. 逐笔计算贷款利息		
（1）2017年2月27日贷款950000元，利率6.15%，2019年3月17日还清，应收多少利息？			（1）2017年8月22日借6个月期贷款243000元，利率5.6%，2019年12月19日还清，应收多少利息？		
利息：			利息：		
（2）2017年3月9日贷款840000元，利率6.15%，2019年11月26日还清，应收多少利息？			（2）2016年6月20日借三年期贷款730000元，利率6.4%，2019年10月29日还清，应收多少利息？		
利息：			利息：		

对公存、贷款利息计算练习题（4）

第1组

1. 加计积数计算利息（利率0.36%）

63502.71
104385.42
5208793.64
1569.47
916825.70
7489051.36
520364.89
2809423.17
682174.58
9813.26
31806.95
347062.98
5943906.71
206398.64
9513460.70
2308571.94
43705.12
174368.29
78320.91
650794.13

积数	
利息	

2. 计算下列利息

积数	利率	利息
1084635.97	0.36%	
319402.08	0.36%	

3. 逐笔计算贷款利息

（1）2018年2月21日贷款900000元，利率5.6%，2018年6月20日还清，应收多少利息？

利息：

（2）2016年3月25日贷款350000元，利率6.65%，2019年9月25日还清，应收多少利息？

利息：

第2组

1. 加计积数计算利息（利率0.38%）

891340.52
2067891.34
4328056.97
750538.41
5769.83
219680.54
792356.08
624105.67
54431.96
81507.32
740186.25
683460.17
389267.59
216089.76
163509.24
29784.31
781395.62
658972.00
83401.86
9753401.86

积数	
利息	

2. 计算下列利息

积数	利率	利息
914940.76	0.38%	
8243795.14	0.38%	

3. 逐笔计算贷款利息

（1）2017年6月21日借6个月期贷款600000元，利率5.6%，2019年1月21日还清，应收多少利息？

利息：

（2）2017年3月14日借一年期贷款300000元，利率6%，2019年4月23日还清，应收多少利息？

利息：

对公存、贷款利息计算练习题（5）					
第1组			第2组		
1. 加计积数计算利息（利率0.72%）			1. 加计积数计算利息（利率0.42%）		
		6498375.02			90637.18
		2170853.94			729854.06
		5409.27			943087.65
		462130.78			10495.32
		6174068.59			506749.21
		8501376.42			875123.04
		83951.76			13422.78
		732869.15			238109.56
		950437.21			9601458.72
		13066.48			48973.16
		4195623.87			473068.95
		1423095.76			95426.07
		849850.62			132945.68
		52850.28			9083674.51
		3581024.76			3187925.64
		50642.19			534062.87
		8912760.43			23140.79
		427196.35			7290413.58
		99253.78			16543.28
		134608.29			672805.41
积数			积数		
利息			利息		
2. 计算下列利息			2. 计算下列利息		
积数	利率	利息	积数	利率	利息
60315091.50	0.72%		53482716.00	0.42%	
4571602.10	0.72%		26803751.56	0.42%	
3. 逐笔计算贷款利息			3. 逐笔计算贷款利息		
（1）2016年2月19日贷款780000元，利率6.65%，2019年4月23日还清，应收多少利息？			（1）2017年5月11日借6个月期贷款800000元，利率5.6%，2019年5月19日还清，应收多少利息？		
利息：			利息：		
（2）2019年4月12日贷款560000元，利率6%，2019年10月20日还清，应收多少利息？			（2）2015年12月10日借三年期贷款360000元，利率5.6%，2019年2月19日还清，应收多少利息？		
利息：			利息：		

对公存、贷款利息计算练习题（6）					
第1组			第2组		
1. 加计积数计算利息（利率0.36%）			1. 加计积数计算利息（利率0.38%）		
		31740.38			4386.74
		7652938.84			9051274.90
		6584.70			375890.57
		819270.63			16257.14
		941206.81			280614.28
		564984.03			39281.19
		42703.87			634019.57
		1026987.93			26941857.06
		2593.71			572406.19
		35607471.46			40915.01
		52146.83			8325601.74
		1705983.67			98357.39
		384267.06			76039.54
		5906.91			21546.96
		40362791.16			51329096.38
		978516.43			17438.40
		76521.04			79140.98
		83492.38			652098.35
		25400.25			352786.14
		20384.45			4207135.97
积数			积数		
利息			利息		
2. 计算下列利息			2. 计算下列利息		
积数	利率	利息	积数	利率	利息
58961872.94	0.36%		9308561.24	0.38%	
9283041.56	0.36%		86713490.25	0.38%	
3. 逐笔计算贷款利息			3. 逐笔计算贷款利息		
（1）2017年5月21日贷款780000元，利率6%，2019年4月20日还清，应收多少利息？			（1）2017年1月15日借一年期贷款730000元，利率6%，2019年2月15日还清，应收多少利息？		
利息：			利息：		
（2）2017年7月20日贷款980000元，利率6.15%，2019年9月21日还清，应收多少利息？			（2）2017年3月11日借一年期贷款510000元，利率6%，2019年5月12日还清，应收多少利息？		
利息：			利息：		

对公存、贷款利息计算练习题（7）					
第1组			第2组		
1. 加计积数计算利息（利率0.72%）			1. 加计积数计算利息（利率0.38%）		
		17983.29			689053.29
		251098.79			35782.64
		70854.98			507469.25
		58104729.63			701236.50
		93546.28			3812094.78
		726805.49			130872.65
		1042697.78			389107.46
		37581.29			16724.36
		820763.48			930468.50
		42938.63			87216.59
		93176054.28			30948.29
		359817.42			356214.97
		98130.28			2915687.29
		2940356.78			478051.26
		803561.52			63574.85
		54602.58			825619.32
		2148659.27			54208.71
		1243073.56			40156029.00
		27469.15			35289.26
		65412.38			68137.24
积数			积数		
利息			利息		
2. 计算下列利息			2. 计算下列利息		
积数	利率	利息	积数	利率	利息
49613027.29	0.72%		2369845.27	0.38%	
8201495.87	0.72%		1897234.59	0.38%	
3. 逐笔计算贷款利息			3. 逐笔计算贷款利息		
（1）2018年4月7日贷款570000元，利率5.6%，2018年10月9日还清，应收多少利息？			（1）2016年5月20日借三年期贷款760000元，利率6.4%，2019年12月3日还清，应收多少利息？		
利息：			利息：		
（2）2016年11月23日贷款800000元，利率6.65%，2019年10月24日还清，应收多少利息？			（2）2015年1月15日借三年期贷款4300000元，利率5.4%，2019年2月15日还清，应收多少利息？		
利息：			利息：		

对公存、贷款利息计算练习题（8）					
第 1 组			第 2 组		
1. 加计积数计算利息（利率 0.36%）			1. 加计积数计算利息（利率 0.42%）		
		5601.34			736840.74
		328357.16			620491.56
		86914.31			83157.27
		275803.19			5903.91
		4327916.28			4816297.44
		190453.77			16021.79
		7682501.00			93461.32
		63812.55			625870.08
		97601.61			9571243.23
		41328.57			40379.38
		7489562.34			72364.28
		356201.87			318945.97
		91734.48			90186.34
		86904.27			8752904.24
		65047123.39			67401253.29
		28307.37			28961.69
		5918.31			534097.31
		142567.29			1348672.39
		3098154.65			3051.19
		7238.15			30514.75
积数			积数		
利息			利息		
2. 计算下列利息			2. 计算下列利息		
积数	利率	利息	积数	利率	利息
978651.34	0.36%		9969154.27	0.42%	
8625489.16	0.36%		75183946.18	0.42%	
3. 逐笔计算贷款利息			3. 逐笔计算贷款利息		
（1）2019 年 4 月 26 日借 6 个月期贷款 980000 元，利率 5.6%，2019 年 12 月 3 日还清，应收多少利息？			（1）2016 年 5 月 21 日贷款 550000 元，利率 6.4%，2019 年 5 月 19 日还清，应收多少利息？		
利息：			利息：		
（2）2017 年 12 月 11 日借 6 个月期贷款 816000 元，利率 5.6%，2019 年 11 月 11 日还清，应收多少利息？			（2）2016 年 4 月 13 日贷款 950000 元，利率 6.4%，2019 年 6 月 13 日还清，应收多少利息？		
利息：			利息：		

对公存、贷款利息计算练习题（9）					
第1组			第2组		
1. 加计积数计算利息（利率0.36%）			1. 加计积数计算利息（利率0.72%）		
		241605.73			86197.81
		74358.06			540128.76
		9037.68			4651023.27
		7895312.40			70923581.33
		4235.16			94817.56
		20487.95			60925.48
		1938740.62			392608.47
		69521.84			8439257.29
		598016.42			10246735.79
		1307.69			2983.47
		763192.85			601354.78
		45106923.78			276093.68
		8041592.67			107856.42
		481320.96			10428.93
		7459.01			6841590.27
		53078.00			7236.59
		76295.43			869217.73
		23958.61			1895.03
		81237.94			45320.69
		604382.79			237654.81
积数			积数		
利息			利息		
2. 计算下列利息			2. 计算下列利息		
积数	利率	利息	积数	利率	利息
59436021.78	0.36%		35186204.98	0.72%	
1708236.49	0.36%		4169308.57	0.72%	
3. 逐笔计算贷款利息			3. 逐笔计算贷款利息		
（1）2017年9月27日贷款450000元，利率5.6%，2019年3月26日还清，应收多少利息？			（1）2019年5月16日借6个月期贷款400000元，利率5.6%，2019年11月23日还清，应收多少利息？		
利息：			利息：		
（2）2016年9月19日贷款760000元，利率6.9%，2019年10月24日还清，应收多少利息？			（2）2017年2月12日借一年期贷款550000元，利率6%，2019年2月26日还清，应收多少利息？		
利息：			利息：		

对公存、贷款利息计算练习题（10）					
第1组			第2组		
1. 加计积数计算利息（利率0.42%）			1. 加计积数计算利息（利率0.38%）		
		5820.97			38650.27
		49268.15			591428.96
		1459.82			2043719.84
		987105.34			9867.29
		873162.05			46280531.39
		172485.09			1328954.44
		2697041.35			40167.23
		94836.07			69531.54
		87102.56			702485.39
		89304.26			18627930.37
		7693.40			82531.49
		871045.29			39017.37
		264349.07			501296.16
		5610984.37			5678143.28
		5320.91			462089.37
		5076.92			6851.23
		461390.78			509645.34
		190254.76			96421.26
		485795.54			870134.79
		126435.06			8692750.89
积数			积数		
利息			利息		
2. 计算下列利息			2. 计算下列利息		
积数	利率	利息	积数	利率	利息
53482716.00	0.42%		83786615.25	0.38%	
26803751.56	0.42%		4287683.05	0.38%	
3. 逐笔计算贷款利息			3. 逐笔计算贷款利息		
(1) 2015年2月18日借2年期贷款160000元，利率6.15%，2016年11月28日还清，应收多少利息？			(1) 2017年5月20日借3年期贷款850000元，利率6.4%，2019年5月20日还清，应收多少利息？		
利息：			利息：		
(2) 2015年7月25日借一年期贷款450000元，利率6%，2016年12月21日还清，应收多少利息？			(2) 2017年2月28日借三年期贷款320000元，利率6.1%，2019年3月23日还清，应收多少利息？		
利息：			利息：		

参考文献

[1] 赵杰，林迎春，杨荣华. 财经岗位基本技能与实训 [M]. 北京：经济科学出版社，2012.

[2] 方秀丽，陈光荣，包可栋. 反假货币技术 [M]. 北京：中国金融出版社，2008.

[3] 中国人民银行官方网站，http：//www.pbc.gov.cn/.